# 幼儿教师专业化成长

主　编　高丽芳

编　委　刘凤莲　刘洪霞　王晖晖　高赫民

　　　　宋　洁　张　英　乐益华

北京理工大学出版社

BEIJING INSTITUTE OF TECHNOLOGY PRESS

## 内容提要

教师专业化（Teacher Professionlization）是指教师在整个职业生涯中，通过专门训练和终身学习，逐步习得教育专业的知识与技能，并在教育专业实践中不断提高自身的从教素质，从而成为一名合格的专业教育工作者的过程。这一术语具有双重含义，它既指教师个体通过职前培训，从一名新手逐渐成长为具备专业知识、专业技能和专业态度的成熟教师及其可持续的专业发展过程，也指教师职业整体从非专业化职业和准专业职业向专业化性质进步的过程。

本书共分 5 章，主要讲述了现代幼儿教师的责任及其专业化需求、现代教师的专业化发展、现代幼儿教师的专业化发展、幼儿教师专业化之路、新时代对高素质幼儿教师的呼唤等内容。

我们组织专家编写此书，希望给想要从事和已经从事幼儿教育的教育工作者以指导和借鉴。

**图书在版编目（CIP）数据**

幼儿教师专业化成长 / 高丽芳主编 . —北京：北京理工大学出版社，2021.8 重印
ISBN 978-7-5640-3330-9

Ⅰ . ① 幼…　Ⅱ . ① 高…　Ⅲ . ① 幼教人员 – 师资培训 – 研究　Ⅳ . ① G615

中国版本图书馆 CIP 数据核字（2010）第 123959 号

出版发行 / 北京理工大学出版社有限责任公司
社　　址 / 北京市海淀区中关村南大街 5 号
邮　　编 / 100081
电　　话 /（010）68914775（总编室）
　　　　　（010）82562903（教材售后服务热线）
　　　　　（010）68944723（其他图书服务热线）
网　　址 / http：//www.bitpress.com.cn
经　　销 / 全国各地新华书店
印　　刷 / 定州市新华印刷有限公司
开　　本 / 787 毫米 × 1092 毫米　1/16
印　　张 / 9.5
字　　数 / 243 千字
版　　次 / 2021 年 8 月第 1 版第 6 次印刷　　　　　　　　　　　责任校对 / 王　丹
定　　价 / 22.00 元　　　　　　　　　　　　　　　　　　　　　责任印制 / 边心超

**随**着经济的不断发展，我国对教师的专业化水平有了更高的要求。《幼儿园教育指导纲要（试行）》要求现代幼儿教师在加强理论学习的基础上，增加实践经验，在实践中不断发现问题，不断提高自身素质以满足新时代的需要。

斯腾豪斯（Lawrence Stenhouse，1926—1982）提出教师的专业成长有3条途径：自我系统的学习；研究其他教师的经验；检验已有的理论。从教师自身角度来说，教师可以通过对理论知识的学习，对教学经验的积累，以及对原有教学理论的检验，来进一步提高教育教学水平，推动教学质量的整体提高。教师自身的主观能动性从一个方面促进了教师专业化的成长。

教师专业化（Teacher Professionalization）是指教师在整个职业生涯中，通过专门训练和终身学习，逐步习得教育专业的知识与技能并在教育专业实践中不断提高自身的从教素质，从而成为一名合格的专业教育工作者的过程。它具有双重含义，既指教师个体通过职前培养，从一名新手逐渐成长为具备专业知识、专业技能和专业态度的成熟教师及其可持续的专业化发展过程，也指教师职业整体从非专业化职业和准专业化职业向专业化性质进步的过程。

除了教师自身的原因，教育机构以及教育实体也是促进教师专业化成长的途径之一。教师专业化成长自20世纪70到80年代是国际教育界广泛关注的一个研究领域的延伸，也是我们今天在面对全球性"儿童取向"的教育问题时所必须思考的一个问题。随着园本课程的开发，人们开始重视教育过程中的理论研究。正是在这样的背景下，教师专业化应运而生。目前，大多数幼儿园都比较重视各自的教科研水平，这体现在各幼儿园的教学思路和资金投入等各个方面。

本书主要在5个方面展开了讲述，内容涵盖现代幼儿教师的责任及其专业化需求、现代教师的专业化发展、现代幼儿教师的专业化发展、幼儿教师专业化之路、新时代对高素质幼儿教师的呼唤等内容。

我们组织专家编写此书，希望给想要从事和已经从事幼儿教育的教育工作者以指导和借鉴。在编写过程中，由于时间仓促，难免存在一些不尽如人意之处，恳请广大读者进行批评指正。

编　者

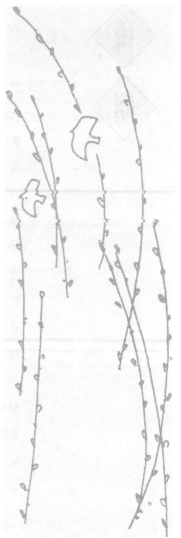

# 目 录

CONTENTS

# 概　述

近年来，随着信息技术的高速发展，经济全球化进程的日益加快，社会对教师工作质量和效益的要求空前提高。在这一背景下，进行以教师专业化为核心的教师教育的改革，已成为世界教育与社会发展的共同特征。

近些年来，国内外学者对中小学教师是否是专业人员一直争论不休。有人认为教师是一个专业性较强的职业，有人认为教师只能算是"半专业"或"准专业"的职业，也有人根本否定教师的专业性。从职业社会学来看，20世纪变革的一个显著特征是，许多职业进入了"专业"的行列。因为各种职业的结构与性质均在不断地变化发展之中，要想了解一个职业是否是专业，就要看其是否符合专业的标准以及其"专业化"的程度如何。

1994年我国开始实施的《教师法》规定："教师是履行教育教学职责的专业人员"，第一次从法律角度确认了教师的专业地位。1995年国务院颁布《教师资格条例》，2000年教育部颁布《〈教师资格条例〉实施办法》，教师资格制度在全国开始全面实施。1999年，我国出版的第一部对职业进行科学分类的权威性文件《中华人民共和国职业分类大典》，首次将我国职业归并为8大类，教师属于"专业技术人员"一类。2001年4月1日起，国家首次开展全面实施教师资格认定工作。

由此可见，教师的专业化，实质上并非是有还是无的问题，而是专业化程度高与低的问题。教师职业是一个形成中的专业，与其他专业工作，如医学、法律、工程相比略有逊色，但其地位高于半专业而接近完全专业，处在专业和半专业的中间状态。教师是一个难度较大的、相对复杂的专门培养人的职业，它不仅要求其从业者具有远比一般人更为丰富的一般知识学科知识来作为自己实施教育教学的原材料，而且更需要从业者掌握一般社会成员不需要或不必系统了解的教育教学知识、技能和教育教学规律。

在我国的教师群体中，幼儿园教师的重要性往往被忽略。传统观念认为，幼儿教师是教师类别中最为轻松愉快的职业，没有考试压力与负担，只是和幼儿一起生活和游戏，然而事实与人们的"老"思想大相径庭。

最近，部分幼教杂志刊登了有关幼儿教师职业倦怠的研究与反思。从调查及分析来看，幼儿教师的职业倦怠问题已日益成为需要研究关注的重点问题之一，而且在数量和程度上都呈逐渐增长的态势。全国17.6万所幼儿园中，大多数幼儿教师能够安心于本职业，热心于事业，关注着自己的前程；但是也有相当一部分幼儿教师满足于工作现状，与新世纪对幼儿教育的新要求存在比较大的差距；更有一部分教师观念陈旧，知识水平、技能水平较低下，工作胜任度较低……种种现实问题困扰着我国幼儿教育的发展。教师在工作中出现的紧张、不安、焦急、忧虑等情绪反映成为影响教师工作成效的"元凶"。教师是幼儿园教育教学工作的基本力量，教师素养高低已经成为幼儿园教育事业成败的关键。由此可见，幼儿园教师的专业化成长迫在眉睫。尽快提高幼儿教师队伍的整体素养，是关系到幼儿教师个人、幼儿园，乃至关系到整个幼儿教育事业大局的一件大事，是新世纪全社会对幼儿教育界的强烈的呼唤！

众所周知，幼儿公共教育是一种特殊的行业，幼儿公共教育是孩子们家庭生活和教育的发展与延伸，是社会实现公共服务目标的具体体现。因此，幼儿教师的工作既是一种职业，更是一种事业，是一种对延续人类文明贡献巨大的崇高的事业。幼儿进入幼儿园是迈入社会的第一步，其年龄特征及心理需求都离不开与教师互动来获得心理、生理的满足。幼儿教师肩负着儿童启蒙教育的重任，其素质直接关系到一代人的成长和发展。只有一个具有较好职业素养的教师，一个具有团结奉献的教师群体，才会对幼儿付出真诚的关心、爱心和教育，才会更好地促进幼儿的认知和心理发展。因此，可以毫不夸张地说，幼儿教师素养是教育发展永久命题。

随着我国社会经济的发展，人们的物质生活水平不断提高，家长们对孩子成长的期望值越来越高，他们对孩子在婴幼儿时的各项素质的培养和个性意识的培养高度重视，而培育孩子这一重任就自然地落在了幼儿教育的职能部门——各大、中、小型幼儿园身上。因此，幼儿教育事业要想得到长足的发展，也就需要一大批懂得幼儿身心发展规律的、具有现代幼儿教育理论和技能的专业幼师。

特别在步入21世纪以后，社会对幼儿教师的素质培养提出了更全面和更高层次的要求。近些年来，幼教改革、提高幼教品质一直是幼教界努力的方向，作为学前教育的实施者——幼儿园教师自身专业素养的提高，即教师专业化成长更成为重中之重。教师专业化是要求教师在整个专业生涯中，依托专业组织，通过终身专业训练，获得教育专业知识技能，实施专业自主，表现专业道德，逐步提高自身的从教素质，成为一个良好的教育专业工作者，也就是一个人从"普通人"变成"教育者"。曾任美国卡内基促进教学基金会主席、教育学家李·S·舒尔曼指出："现在，新的专业教育和教师教育的概念已经出现。这些概念与专业教育的各个环节相联系，包括道德观、理论理解、实际技能、判断、从经验中学习以及专业社团责任感的发展等。"

尽管如此，我国教师专业化在实施过程中，依然阻碍重重。

首先，由于特殊的社会形式导致人们选择职业缺乏自由度。大多数人在接受职前培训、被安排工作以及参加工作很长时间之后，还没有认识到自己究竟适合干什么，自己究竟最喜欢干什么，更无从选择自己喜欢的职业。譬如，学幼师的学生，初中毕业考中专时，填报幼师志愿便不一定是自己的真实意愿，毕业分配时不得已接受了这份工作，参加工作后想跳槽又没有办法，于是，他们便对自己的职业产生了不满情绪。与此不同的是，在国外，人们首先是喜欢上了什么再去学这一行，最后干这一行，不愿意干了，又可以重新去学另外一行，干另外一行，他们可以始终干自己喜欢的事情。这种解释只能说明问题的一个方面；另外一个方面是，我们的幼儿教师培训，我们的幼儿师范教育，以及我们的幼儿园教师管理，都负有对幼儿教师职业道德培养和专业思想教育的任务，有责任培养幼儿教师具备基本的事业心，但事实上，并没有完全做到这一点。

其次，虽然近年来关于幼儿教师专业化成长问题尤其是其重要性问题的论述常见诸报端，但在与一线幼儿教师交流的过程中我们发现，许多教师并不十分清楚什么是"幼儿教师的专业成长"。根据"教育新闻调查"显示，在教师这一群体中，把教师看成普通的职业、事业、专业的人，比例分别为49.4%、46%和3%。将近一半教师仅仅将自己所从事的工作作为养家糊口的手段，作为一种普通的职业。教师把自己的工作作为普通的职业看待，就很容易成为"匠人"；作为事业看待，就会"热爱教师工作，对学生充满爱心，教学质量高"，可能成为传统的优秀教师；但教师的最高境界是把它作为专业，教师最快乐的事是穷尽毕生之力，研究如何在教研、教改、教育试验、专业研究方面树立特色，出成绩。不充分体现教师工作的专业化程度和水平，就难以达到专家型教师的境界和高度，事实上这种现象妨碍了广大幼儿教师主动获取专业化成长。基于这种认识，我们在本书中将"教师专业化"作了系统详尽的阐述。

教师职业有自己的理想追求，有自身的理论武装，有自觉的职业规范和高度成熟的技能技巧，具有不可替代的独立特征。教师不仅是知识的传递者，而且是道德的引导者，思想的启迪者，心灵世界的开拓者，情感、意志、信念的塑造者；教师不仅需要知道传授什么知识，而且需要知道怎样传授知识，知道针对不同的学生去采取不同的教学策略。由于幼儿园教师所接触的受教育对象是幼儿这个特殊群体，就要求他们相对于其他教师，付出更多的努力和尝试来与幼儿进行互动和沟通。

一名合格的幼儿园教师，首先需要具备高尚的职业道德和职业修养，严于律己，作风正派。再者，还须具备以下几点：

衣着打扮符合幼儿园教师的职业特点；语言规范、健康、注重文明礼貌；言谈举止大方得体、为人师表；有健康、良好的心理素养和交往能力，善于不断更新教育观念和教育技能。此外，还需要具备扎实的专业基本功和专业技能，以及较强的学习能力和教科研能力。在本书中，我们从专业入手，从如何促进幼儿教师专业化成长的实际出发，提供了具体的实践操作模式。如果本书能够引起各位幼儿教师读者的共鸣，并能够有所收获，那将是我们最为期盼的事。

教师职业的专业化既是一种认识，更是一个奋斗过程；既是一种职业资格的认定，更是一个终身学习、不断更新的自觉追求。教师们应该清楚地认识到，专业成长的空间是无限的，成熟是相对的，成长则是绝对的，这需要教师们在长期的教育教学实践中不懈地学习，艰苦地实践，才能不断完善，尽快成长。也许专业化成长之路异常艰辛，但是，它们却也是促进幼儿教师品质提高的根本之法，希望幼儿园教师能排除艰难去实现这一目标。心随激情飞扬，梦随理想共舞！海是蓝的，心是静的，月是明的，用心坚持，收获就是你的。

# 第一章

## 现代幼儿教师的责任及其专业化需求

了解现代幼儿教师的定义和幼儿教师在社会生活中的职责，初步了解教师专业化的概念。

认知：了解幼儿教师的定义及教师专业化的基本概念。

理解：深入学习幼儿教师的职责，体会幼儿教师在社会生活中所发挥的作用。

运用：能够熟练掌握基本概念，并运用这些概念来分析问题。

\* \* \* \* \* \* \* \* \* \* \*

## 第一节　现代幼儿教师的责任

### 一、新时代对幼儿教育的挑战

时代的列车已经驶入了21世纪，在新世纪的新阶段，我国的发展也站在了新的历史起点上。从经济社会发展的新要求看，我国经过40多年的改革开放，国民经济快速发展，综合国力显著增强，人民生活总体上达到小康水平。进入新世纪，我国进入了全面建设小康社会、加快推进社会主义现代化的新的发展阶段。我们面临的发展机遇前所未有，面对的挑战也前所未有。从国内看，我国改革发展进入关键时期，经济体制深刻变革、社会结构深刻变动、利益格局深刻调整、思想观念深刻变化，既给我国发展带来巨大活力，也带来这样或那样的矛盾和问题。这些矛盾和问题的存在，既凸显出我国发展的阶段性特征，又对下一步的发展提出了新的要求。

纵观全球，世界多极化和经济全球化的趋势深入发展，科技进步日新月异，国际环境复杂多变，综合国力竞争日趋激烈，影响和平与发展的不稳定不确定因素增多。因此，可以预言，21世纪是一个国际竞争激烈的世纪，这种竞争不只是综合国力的竞争，更深层次的则是人才素质的竞争，是一个国家整体素质的竞争。提高全民素质，重在教育。我们的教育工作只有纳入到努力提高人的素质的轨道，才有可能提高全民族的素质，才能达到我国社会主义现代化事业胜利成功的目标。

为了应对21世纪知识经济时代的机遇和挑战，我国基础教育的改革越来越向纵深发展。2001年9月我国开始试行的《幼儿园教育指导纲要（试行）》（以下简称《纲要》）指出，幼儿园教育是基础教育的重要组成部分，是我国学校教育和终身教育的奠基阶段。作为整个教育程序的发端和奠基，幼儿教育是基础的基础，它关系到儿童一生的可持续发展和国家之兴盛，这已经成为世界各国教育界的共识。在新的世纪要开创我国幼儿教育的新局面，迫切需要提高幼儿园教育的质量并改进其社会服务功能。而《纲要》教育理念与精神的贯彻实施，关键就在教师，因此，时代的发展对幼儿教师的素质提出了前所未有的要求与挑战。

### 幼儿入园率

据统计，进入21世纪以来，各国幼儿教育随着普及义务教育的实施得到迅速发展，3~6岁儿童入园率达50%以上，有些国家比例更高。而在欧美一些发达国家，学前教育已作为义务教育的组成部分，由国家承担相应的责任。20世纪90年代以来，我国3~6岁幼儿入园率不断提高，2005年全国学前教育入园率为41.4%，学前一年幼儿入园率为72.7%。幼儿园已被纳入基础教育，成为整个教育体系的有机组成部分。

### 二、现代幼儿园在社会生活中的作用

作为一种社会公共教育机构，幼儿园是伴随着资本主义工商业的发展而出现并逐步纳入学校教育体系的。幼儿园在幼儿教育中起到了不可忽视的作用，它在人生起点的第一步教授幼儿如何生活，它是幼儿进入小学前的生理、心理预备阶段，是教孩子认识社会、了解自身的终身教育的起点。

1. 幼儿园的定义

百科全书对"幼儿园"的定义是：一种学前教育机构，通常招收3~6岁的儿童，它可以帮助孩子健康快乐地度过童年时光，不仅学到知识，而且可以从小接触集体生活。因此，幼儿园是社会公共学前教育机构，以促进儿童发展为主要任务。

世界上第一个幼儿园是空想社会主义者欧文开办的，称为"性格形成新学园"。1840年，德国教育家福禄贝尔创办了世界上第一所名为"幼儿园"的教育机构，此后，这一名称便被普遍采用。福禄贝尔认为，教育要适应儿童的天性，儿童应在同大自然密切联系中成长起来，并把园圃的植物作为幼年儿童的象征。幼儿园如同花园，幼儿如同花草树木，教师如同园丁，幼儿的发展就如同花草树木培植的过程。

2. 现代幼儿园的地位和作用

福禄贝尔认为，幼儿时期是人的发展过程中的一个非常重要的阶段。"人的整个未来生活，直到他将要重新离开人间的时期，其根源全在于这一生命阶段……取决于他在这一阶段的生活方式。"因而儿童早期教育的重要性高于一切。基于这种认识，福禄贝尔把学前教育有机地列入到完整的教育过程中，看作是人的真正教育的开始。

随着社会的不断发展，生产力的迅猛提高，国与国之间的竞争归根到底归结为科技、人

才的竞争。教育作为人才培养的基础，幼儿教育作为整个教育体系的基础，已成为具有跨时代的战略性课题。作为人生起点的第一步，幼儿园在幼儿教育中起到了不可忽视的作用。

（1）社会化的学习环境　幼儿在日常生活中要多与人接触，要学习接纳别人、了解别人和自己的不同，学习与人互动，从认识自己扩展到认识社区、社会，进而适应社会。幼儿园为孩子，尤其是独生子女提供了一个多伙伴的场所，可以使其尽早融入到集体中，减少家庭对孩子的溺爱，在幼儿教师的带领下学会待人处事，这对于幼儿今后的发展是非常有帮助的。现代教育强调要以"真实的"生活经验作为学习的内容，以帮助孩子适应未来的世界。学习必须从生活环境和经验中开展，因此幼儿园变成了第一个实验室。在幼儿园教师的带领下学会待人处事，对于幼儿今后的发展是非常有帮助的。

（2）专业化的幼教师资　幼儿园拥有经过专业培训、持有正确教育观念的专业师资。相对于一般教师而言，幼儿教师更多担当了唤醒幼儿智能的启发者，幼儿学习成长过程中的设计者、辅导者、观察者和协助者的角色；他们可以与家长共同商议制定有针对性的教育计划，并按照孩子的情况设计课程，做到"因势利导，因材施教"。

此外，幼儿教师会把校园、教室装饰得像博物馆、图书馆、社区、动物园引人入胜，以一种自由、尊重的气氛，让孩子愉快地探索，融合多样的指导方法，鼓励孩子在不受限制且目标明确的环境中，汲取灵感，深入研究。

（3）实行有效的教育模式　幼儿教师不仅要设计丰富的学习环境来启发孩子的智能，允许孩子自由探讨和操作，鼓励他们提出问题，同时还扮演着环境设计者和学习观察者的角色，要随时观察、做笔记，真实、完整地记录孩子的成长和发展，以便作为帮助孩子进步的参考。实行幼儿自由探索、幼儿教师完整记录的有效教育模式，这是非幼儿园教育所无法达到的。

发现与探索在幼儿的学习历程中非常重要，也非常珍贵。探索可以发展幼儿的逻辑、推理能力，操作活动可以培养幼儿精细的动作技能，与人互动则可以培养幼儿语言的对话能力。

总而言之，作为幼儿社会教育的重要场地之一，幼儿园以其专业性、科学性、系统性对幼儿的社会性发展起着重要的作用。

**三、幼儿教师的职责**

1. 教师的职业历史

"国将兴，必贵师而重傅；贵师而重傅，则法度存。"（《荀子·大略》）"君师者，治之本也。"这是2 000多年前的荀子就教育和教师对国家兴衰、法制存废重要性的论述。教师是世界上最古老的一种职业，也是永恒的职业，它伴随着人类社会的始终而永存。在整个人类历史发展进程中，是教师用自己的心血传授社会伦理、文化知识和生产技能，造就一代又一代适应时代发展的社会成员，对人类的生存、延续，对人类知识的传递、发展作出了重大贡献。随着近现代学校（包括幼儿园）制度的建立和发展，教师的作用也日益突显。正因为如此，教师职业才被17世纪捷克教育家夸美纽斯誉为"太阳底下最光辉的职业"。

幼儿教师所从事的是"根的事业"，他们是引领幼儿走出家庭，走向社会，进入正规学习生活的重要中介和桥梁。这一职业关系到儿童能否打好身心健康的基础及其一生能否持续发展，关系到国家的命运与人类文化的兴衰。正如美国卡内基教育基金会主席欧内斯特·博耶所说，"在我看来，教师是一种对年轻一代具有最深远影响的专业人员，是一种比任何其他职业都神圣的职业。"第斯多惠曾这样描绘教师的职业："教育就是促进人类的自我完善""……没有一种目的比整个人类和教师的自我培养与自我完善的目的更为崇高的了。"教师是"负有上帝和国家使命的人""……你们应当为孩子奠定追求美好东西的基础……"教师职业的作用主要体现在对儿童个人成长的作用，进而表现为传递人类文明的作用，同时教师的教育工作在促进社会进步和公平方面也在发挥着越来越重要的作用。

2. 教师的职责与角色定位

角色，可以理解为一个人在社会群体中的身份和与身份相适应的行为规范。在社会生活中，每个人都属于一定的团体或群体，当一个人按照自己的社会身份所规定的责任或行为规范去行动时，便充当着角色。教师这一社会角色是指教师在学校、幼儿园等教育机构中专门从事教育教学活动的角色，这个角色的特殊身份和与这个身份相适应的行为规范，要求教师在他（她）的角色行为方式上表现出与其他职业不同的特点。

关于教师的角色，可以从不同的角度加以分析。

（1）教师的基本角色　首先，从师生关系看教师角色，教师是组织者、管理者、交流者、咨询者、指导者与激励者。教育过程最核心的因素，就是教师与学生或儿童的关系，它具有不可替代性，是教育目标能否实现及成功与否的关键。在传授人类积累的关于自身和自然的知识，以及在开发人类创造力时，教师始终是师生双方相互作用中矛盾的主要方面，是主要责任者，起主导作用。其次，从组织教学的意义上，教师是组织者、管理者，师生关系类似于领导者与领导对象的关系。再次，从促进学生主动性、创造性，激发其学习探究的意义上，教师又要发挥引导者与激励者的作用。

另外，教师还应当成为学生的交流者、咨询建议者，通过与学生建立朋友般的关系，促进其学习。

综上所述，教师角色具有多样性、多重性，同时也是随着社会和时代发展而变化的。我国传统社会中，往往"天地君亲师"并称，教师角色具有至高无上的权威性。而现代社会，更强调教师作为儿童的朋友，是其学习的促进者、心理保健者等新特征。近年教育改革还提出，教师要尊重儿童，做儿童的合作伙伴，这是教育过程民主化的要求。

（2）教师的3个重要概念：经师、能师与人师　教师的社会作用以及社会对教师的角色期望，是随着社会的发展和进步而逐渐发生变化的。传统社会中，人们常常将教师看作"教书匠"，教师的作用就是教书，即向学生传授知识。从这个意义上说，教师是"经师"，主要承担传授知识及人类文化延续的职责。

其后，社会对教师的要求有了进一步的提高，把教师看作是"能师"，不仅要传授一定知识，而且要培养学生形成一定的技能，教师还要能启迪儿童的智慧，开发智力。

现代社会，根据素质教育的要求，人们提出教师应当是"人师"，不仅要教书，更要育人。"真正的学习，涉及人之所以为人这一意义的核心。通过学习，我们重新创造自我"（彼得·圣吉《第五项修炼》）教师承担着育人、塑造健康和健全人格的重要使命，成为"人师"是对教师的最高要求。为此，教师就需不断学习，提高自身的素质和修养，要以自己的人格感染、影响儿童，进行"人与人之间心的交流"。

（3）教师职业的要求：实践者、反思者、研究者　20世纪50年代以来，教育发展提出了教师专业化的要求，这就意味着教师要立足岗位，伴随其职业生涯，不断实现专业发展和成长。现代教师观包含对教师的3点基本看法：①教师是专业人员，教师要具有专业知识、专业能力和专业精神。②教师是学习者与研究者，有能力在教育实践中对自己的教育行为加以思考、研究并不断调整、改进。③教师是持续发展的个体，教师专业发展与成长是与教育发展与改革创新同步并进的。

总之，教师要自觉主动地反思自己的教育工作，不断进行自我教育完善，在从事教师职业活动中不断成长，实现个人人生价值，从而也使教师工作和教育事业成为充满智慧的事业。

小锦囊

> 幼儿公共教育机构和幼儿教育，从人类社会诞生之日起，跨越古希腊、罗马和中世纪的漫长时空来到近代，积淀了丰富的底蕴，终于在工业革命的炉火中酝酿产生。创始人欧文曾告诫幼儿教师：你们的职责是善于发现孩子们的兴趣，以人道主义对待孩子。有"幼儿园之父"美誉的福禄贝尔则认为：教师是幼儿学习的指导者，是良好环境的卫士。具有良好政治和业务素质的教师队伍，是创办高质量有特色幼儿园的力量源泉和重要保证。

3. 教师角色的特征

（1）人格化特征　"学为人师，行为世范"，教师人格是重要的教育手段和影响因素。正如苏联著名教育家苏霍姆林斯基所说："我们每一位教师都不是教育思想的抽象体现者，而是活生生的个性，他不仅帮助学生认识世界，而且帮助学生认识自己本身。这里起决定作用的是：学生从我们身上看到的是什么样的人。我们对于学生来说，应当成为精神生活极为丰富的榜样，只有在这样的条件下，我们才有道德的权利来教育学生。"日本教育家柴田荣义也认为，教师这职业"是以教师的人格决一胜负的职业"。

（2）自主性和个体创造性　教师工作无论从教学手段的选择、教学形式的组织等方面都具有很强的自主性和个体性，而不是机械刻板的统一模式，这就要求教师有较强的主动性、自觉性，工作中发挥能动创造性。教书育人，为社会培养有用的人才，这是教师的基本角色，也是社会对教师角色统一的目标要求，属于共性要求。但是如何达到这个目标，却可以有不同的方式，教师自身的发展、专业的进步主要是在个体的活动中，在实践中自主积极反思、调整改进而实现的。一方面，教师工作在时间和空间上，强调以个人活动为主，具体教育情景的多样性和差异性要求教师探索适宜的教育方式与对策；另一方面，教师要根据每一个学生的特殊情况，根据个性发展的特点和要求，抓住教育契机，因势利导，发挥教育机智，实行因材施教和个别化教学。

（3）多样性与发展性　约翰·麦金太尔在他的《教师角色》一书中列举了教师角色的多样性：教师是组织者、交流者、激发者、管理者、革新者、咨询者、伦理者等等。由于学校的教育活动是多种类、多层面的，同时随着时代发展、社会进步及教育思想的更新，社会对教师的要求和期望也会不断提高，教师责任随之加重，需扮演的角色也在增多，角色的内容和要求也必然会随之发生改变；另外教师的工作主要是与儿童交往，做人的工作，这是极为复杂而不拘一格的；同时教师除了承担职业角色，其身份还带有政治和法律角色的特征，因此教师不但要对自己所承担的基本角色有所了解，还要随时代的要求对自身角色进行不断的调适。

教师工作是做人的工作，教师的人格在教育过程中起着极其重要的作用。可以这样认为，教师是以自己的人格，实现对儿童的教育和影响的，教师要在职业生涯中，将教育与自我教育统一起来，不断提高自身的人格素质，才能更好地完成教育工作。

**幼儿园简介**

　　幼儿园，旧时称蒙养园、幼稚园，为一种学前教育机构，用于对幼儿集中进行保育和教育，通常接纳三周岁以下幼儿的为托儿所，而接纳3~6周岁幼儿的为幼儿园。第一个幼儿园是空想社会主义者欧文开办的，那时的幼儿园叫"性格形成新学园"。

　　世界上最有影响的幼儿园是由德国的教育家福禄贝尔创办的。1837年，福禄贝尔在德国勃兰登堡大胆招收了一批儿童，成立了世界上第一个教育学龄前儿童的组织。在这个组织中，福禄贝尔既不对孩子们进行单调的操练，更不体罚。孩子们经常被带到大自然中去，有时他们一起在花园或室内劳动。他注重培养孩子们的动手劳作技能和集体活动的能力。在多年的试验后，福禄贝尔提出，这样的学园应该叫"幼儿园"，从此幼儿园的名称就被传播开来了。

　　4.幼儿教师的工作特征

　　（1）"白日里的妈妈"　幼儿教育的对象是幼小儿童，其特点是处于迅速发展中，身心发展尚不完善，独立意识、能力尚未形成，很容易受到伤害，因而幼儿教师是全职教师，对幼儿的教育影响是全方位的，要加强生活指导，使教育贴近幼儿的生活经验，从而促进幼儿身心健康和谐发展，要教养并重、保护与促进同步。日本幼儿园教师把自己比作孩子们"白日里的妈妈"，我国幼儿园也倡导教师"像妈妈一样热爱孩子"，这意味着教师要全身心地关注、照顾幼儿，更要给予他们情感上的呵护。作为一个学前机构的教师，"你应当使儿童感到温暖和有安全感，要安排一个适合每日生活和学习的环境。你得计划课程，教导儿童和他们建立关系并提供学习的来源。在一天里，你既是个朋友，又是个母亲、同学、护士、管理人和老师，你将同时扮演多种角色并去完成各种事情。"正如有的幼儿教师所说，"从事幼儿教育工作是件要求极多、脏兮兮又令人精疲力竭的事，然而也是极具挑战性与满足感的事。"

　　（2）家长的合作者　幼儿因其年龄小，家庭对其发展具有更大的影响力。作为专业工作者的教师要成为幼儿家长的合作者，要积极引导、影响他们，并相互交流学习，使家庭教育能与幼教机构配合一致，共同担负起促进幼儿发展的任务，幼儿家长与教师角色的差异，详见表1-1。

表 1-1　幼儿家长与教师角色的差异

| 角色特征 | 父　　母 | 教　　师 |
|---|---|---|
| 功能范围 | 全面、无限度 | 特定、有限度 |
| 关爱程度 | 强 | 弱 |
| 依附程度 | 适度依附 | 适度疏离 |
| 自发性 | 自发性 | 目的性 |
| 理性 | 非理性 | 理性 |
| 偏爱性 | 偏爱 | 公平 |
| 责任范围 | 个人 | 团体 |

从上表可见，幼儿园是父母与孩子首次学习暂时分离的场所，幼儿教师是孩子除父母之外关系最密切的第一个成人，因此在帮助父母以一种建设性的方式来了解、关注孩子的问题上，教师扮演着很重要的角色。

（3）与儿童共同成长　一位幼儿教师把自己称作"快乐的孩子王"，认为在天使的乐园里耕耘，是一种幸运："它是那样简单，仿佛一看便知；却又如此深奥，需要人倾其所有的爱心与耐心去观察、体验、研究和发现。就像我们所面对的孩子们的眼神一样，看似清澈却又蕴涵着无数的'为什么'。工作着是美丽的，工作着是快乐的。在孩子们的笑容里寻找快乐，在孩子们的成长中体味生活，辛勤的耕耘换来了沉甸甸的收获。看着他们日新月异的变化，我也在不断成长、不断思索，我怎样做才能更好地帮助孩子们？我该怎样找寻孩子们的'一百种语言'？"

幼儿教师兼为教育实践者与研究者，需要在实践中不断研究探索，观察了解儿童，进而创造良好的教育环境和采取适宜有效的教育措施。此时，教师也是在向儿童学习如何教育，实现教学相长，与儿童共同成长，不断完善教师角色。

**小锦囊**

　　幼儿教师即指在幼儿教育机构中专门从事幼儿教育工作的人员，他们可以说是国家未来栋梁的人力建设工程师。由于他们的工作对象是幼儿，其角色与功能则更为复杂。事实上，儿童年龄越小，成人对他所负有的责任越大，乃至于对儿童所做的任何一件事都会影响儿童作为完整的人的发展。相对于其他级别和类型的教育工作者，幼儿教师的角色与功能具有复杂性、多元性和全面性的特征。

（4）幼儿教育的社会宣传员　2001年，国家教育部颁发了《幼儿园教育指导纲要（试行）》。《纲要》体现了具有时代特点的新的教育思想，是指导幼儿教育改革的行动纲领。然而，改革并不能仅限于教育系统内部，而是要对全社会进行正确教育观念的大宣传、大教育、大普及，幼儿园教师责无旁贷。幼儿教育受到社会方方面面因素的影响，要取得良好的教育效果，就需要实施开放教育，而不是封闭地仅限于做好班级教育工作。幼儿教师作为专职教育者，其工作范围不仅是要立足教育机构的工作，还需要发挥宣传、引导、辐射作用，担负起一定的社会工作者职责。教师要通过积极的社会宣传，创造有利于儿童发展和教育的大环境。有人提出，教师的职责还应当包含这样两个方面：一是研究教育，二是与公众分享对教育的看法。这表明，教师要研究自己的教育实践，还要担负起普及科学育儿知识的责任。"身为教师，还身兼改善社会风气的责任"。例如，可以就什么是"优质幼儿教育"，什么是"健康儿童"，与家长、社区公众展开交流讨论，传播、引导、影响社会氛围，在全社会树立正确的教育观念和"儿童优先"的意识，共同营造良好的教育大环境。

## 第二节　教师专业化的需求

### 一、教师专业化的演变历程及类型

教师职业从经验化到专业化经历了漫长的发展过程，教师专业发展这一课题，是近一个半世纪以来国际社会在关于职业"专业化"研究的推动下彰显出来的。

1.历史演变

近代学校是17世纪以来建立起来的，1681年，拉萨尔在法国创立了世界上第一所师资培训学校，标志着师范教育的诞生。早期的师资培训机构，以"学徒制"培训为主，是一种职业训练而非专业训练。18世纪中下叶，普及初等义务教育逐步在一些国家实施，现代教学方法渐成体系，师范教育理论也初见轮廓，教学开始形成自己独立的特征，作为一门专业从其他行业中分化出来。欧美各国相继出现了师范学校并颁布师范教育法规，师范教育开始出现系统化、制度化的特征。

20世纪以后，发达国家和地区的教师教育先后经历了这样的过程：从中等水平的师范学校教育，到高等程度的师范学院教育；从师范学院的独立培养，到综合大学的本科教育，再到大学后专门的教育课程训练，逐步形成了教育学学士、硕士、博士的教师教育体制。这种转变的实质，既是教师教育质量的升级，也是教师专业水平规格的提升。

20世纪60年代中期以后，出生率的下降导致了教师需求量的降低，经济原因使教师培养机构成为政府削减公共开支的对象，公众对教育质量的不满也引发了对教师教育的批评。于是，对"质"的要求取代了对"量"的急需，对教师素质的关注达到了前所未有的程度，教师专业化成为教育发展对教师教育提出的新课题，特别是20世纪60年代以后，成为一种强劲的思想浪潮，并极大地推动了许多国家教师教育理念与制度的建立。

20世纪70年代中期，美国提出了教师专业化的口号，随着教师聘任制和教师证书制度的实施，教师专业化进程不断加快。日本早在1971年就在中央教育审议会通过的《关于今后学校教育的综合扩充与调整的基本措施》中指出，"教师职业本来就需要极高的专门性"，强调应当确认、加强教师的专业化。20世纪80年代末英国建立了旨在促进教师专业化的校本培训模式。1998年教育与就业部颁布了新的教师教育专业化认可标准——《职前教师教育课程要求》。我国的香港和台湾地区从20世纪80年代后期开始加大教师专业化教育制度的改革，教师专业化的观念成为社会的共识。据了解，台湾地区近年对幼儿教师资格又有新的规定，要求高师毕业后，在幼儿园实习一年，才能取得教师资格。

中国自20世纪90年代以来，陆续颁布了《教师法》《教师资格条例》。2000年，国家教育部又出台了《〈教师资格条例〉实施办法》，确保教师资格制度的实施。

1966年，联合国教科文组织和国际劳工组织提出《关于教师地位的建议》，这是对教师专业化做出明确说明的首个官方文件，它提出"应把教育工作视为专门的职业，这种职业要求教师经过严格的、持续的学习，获得并保持专门的知识和技能"。

1986年，美国的卡内基工作小组、霍姆斯小组相继发表《国家为培养21世纪的教师做准备》和《明天的教师》两个重要报告，同时提出以教师的专业化作为教师教育改革和教师职业发展的目标，两个报告对美国教师教育的发展产生了深远影响。

1989—1992年，经济合作与发展组织（OECD）相继发表了《教师培训》《学校质量》《今日之教师》《教师质量》等一系列有关教师及教师专业化改革的研究报告。1996年，在第45届国际教育大会上，大会的召集者——联合国教科文组织提出：在提高教师地位的整体政策中，专业化是最有前途的中长期策略。

总之，当今进行以教师专业化为核心的教师教育改革，目的是满足社会对教师工作质量和效益的更高要求，它已成为世界教育与社会发展的共同特征。

2. 范式变迁

在国际师范教育实践中，对教师进行专业化培养大体经历了6种范式的变迁：

（1）知识论范式　这种教师教育范式重视文化知识的传授，认为教师的专业化就是教师的知识化。后来，人们把基础教育落后的原因归结为实施了"知识论"的师资培养模式，于是在20世纪60年代中到70年代初，促成了教师教育由知识范式向能力范式的转换。

（2）能力范式　这种范式强调教师不仅要有一般知识，更要有综合能力，要有把知识表达出来、传递出去、教会学生的能力，要有与学生进行沟通、共同处理课堂事务的能力。它的优势在于易于对教师的教育行为进行研究、分析、考核与管理，不足之处为容易忽略教师的态度、人格等内在因素。

（3）情感范式　20世纪60年代，许多学者经过大量调研发现，"当教师的知识水平达到一定程度时，影响教师教学水平和教学质量的是情感性因素"，这种认识使得教师教育由能力范式转为情感范式。这种范式强调教师对学生的爱心，即教师能否注意和关心学生的情感发展，教师自身是否具备情感人格方面的条件。

（4）"建构论"范式　这种范式强调教师是成长过程中的人，需要不断地建构自己的知识体系，把知识变成完全个人化的而不是外在于自己的东西。这种范式受皮亚杰对人的认识发生机制的研究以及建构主义哲学思潮的影响，认为知识是不固定的，不断扩展的，是在学习者和教学者之间互动共建的。

（5）"批判论"范式　这种范式强调教师不仅要关心书本知识，还要关心学科之外的社会政治、经济和文化的合理性，因而主张培养教师的独立思考能力。

（6）"反思论"范式　这种范式主张教师的成长应该培植起"反思"的意识，不断反思自己的教育教学理念与行为，不断自我调整、自我建构，从而获得持续不断的专业成长。此种范式正逐渐成为国际教师教育的主流。

知识库

**《教师专业化标准大纲》**

《教师专业化标准大纲》是美国卡内基财团组织的"全美教师专业标准委员会"所倡导的一份迄今为止最明确地界定了教师"专业化"标准的文件，它明示了制定专业化量表的基本准则。

（1）教师接受社会的委托负责教育学生，照料他们的学习——认识学生的个别差异并做出相应的措施；理解学生的发展与学习的方法；公平对待学生；教师的使命不停留于学生认知能力的发展。

（2）教师了解学科内容与学科的教学方法——理解学科的知识是如何创造的，如何组织的，如何同其他领域的知识整合的；能够运用专业知识把学科内容传递给学生；形成传达知识的多种途径。

（3）教师负有管理学生的学习并作出建议的责任——探讨适于目标的多种方法；注意集体化情境中的个别化学习；鼓励学生的学习作业；定期评价学生的进步；重视第一目标。

（4）教师系统地反思自身的实践并从自身的经验中学到知识——验证自身的判断，不断做出困难的选择；征求他人的建议以改进自身的实践；参与教育研究，丰富学识。

（5）教师是学习共同体的成员——同其他专家合作提高学校的教育效果；同家长合作推进教育工作；运用社区的资源与人才。

### 二、新时代对教师专业化提出的新标准

2001 年教育部颁布的《幼儿园教育指导纲要（试行）》（以下简称《纲要》），进一步明确了幼儿园教育的目标、教育内容与要求，组织实施以及教育评价等问题。《纲要》既充分肯定了幼儿教师在幼儿教育和儿童发展中的作用与地位，同时也对幼儿教师的角色提出新的明确要求，即教师要成为"促进者""成长者""研究者"。这 3 者之间的关系相互作用、相互循环、相互促进，一名高素养的幼儿教师，应同时具备这三个方面的特质和能力。因为《纲要》的教育理念与精神的贯彻实施关键在教师，能否对幼儿实施高素质的教育，促进幼儿生动、活泼、主动地发展，关键在于教师的素养。作为专业教育者，教师的素质首先体现在实施教育的能力上，以上 3 点要求，正是当前教师培训过程中强调的教师专业化水平提高和发展的基本方向。

1. 教师要成为学生发展的促进者

《纲要》第四部分第八条"对幼儿的发展状况的评估"，明确阐述了幼儿教育的根本任务是促进幼儿的发展，幼儿教育必须点燃幼儿的探索欲望，发展幼儿的潜能，使他们的童年充满快乐，充满探索和发现，充满惊讶、惊喜、兴奋和成功的体验。而这一切的实现，就要求幼儿教师必须成为"促进者"，因为不断变化、不断发展的学生要由发展性的教育和发展型的教师来培养，教师必须以"促进者"的角色与幼儿互动、交往，以促进幼儿以下几方面的发展：

（1）关心、热爱、尊重儿童，促进儿童全面健康的发展　爱是儿童健康成长的最基本前提和需要，每一个教师都必须关心、热爱和尊重每一个儿童。作为教育者，要将自己的爱给予全班每一个可能招人喜欢或不招人喜欢的儿童，保证他们受到同等的教育机会，都拥有幸福、快乐的童年生活。尊重儿童是儿童的权利与成长的需要，教师要容忍和尊重儿童的差异，正如瑞吉欧的教学方案中所提到的，"孩子是由一百种组成的，有一百种语言、一百双手、一百个想法、一百种思考……"每一个孩子都是不同的，都有他们自己的个性、自己的兴趣、都有自己认识世界、表现世界的方法。这些差异都是正常的，教师要尊重和理解这些差异，平等地对待每一个儿童，为每一个儿童提供表现自己长处和获得成功的条件，从而促进每个儿童在原有差异基础上积极充分、富有个性的发展。

（2）尽最大可能支持儿童学习，促进儿童认知与智力的发展　学习是儿童生活、成长的基本要求。《纲要》要求教师要努力为幼儿创设和提供各种丰富的学习、活动机会和材料，积极鼓励儿童操作、探索和与人交往，积累各种知识、经验，激发幼儿主动学习的态度、兴趣和强烈愿望，并促进幼儿认知和智力的发展。

（3）帮助儿童学会生存、交往、做人与合作，促进儿童社会性、人格的和谐发展　幼儿社会性、人格的发展包括：基本的社会行为规范、积极的社会情感、良好的社会行为、初步的社会交往能力、健康的自我概念、活泼开朗的性格与粗浅的责任感和自我控制能力。因此，教师的任务不只是促进幼儿认知和智力的发展，还要关注和促进幼儿社会性、人格的积极健康的发展，既要幼儿学会生存、学会交往、学会做人，还要学会合作。教师要成为"促进者"，要积极促进每一个儿童社会性、人格的发展，促进每一个儿童全面健康的和谐发展。

**幼儿教师素养重要性**

幼儿教师素养是教育史的永久命题，也是一个现实命题。当今时代是迈向信息化的时代，信息技术把教育推上前所未有的高科技平台；在国际化的今天，全世界的幼教界连通在一起，在同一起跑线上赛跑，融入全球化的人类活动新潮流；当今时代是向市场化转型的时代，市场决定着社会生活的方方面面，也决定着幼儿园注重市场效益，强化服务的运作模式；当今时代也是快步迈向现代化的时代，现代化将带来教育新理念、新技术、新设施、新环境，幼儿教师必定要在专业化、现代化的进程中不断提高自身素养。在这样的时代背景之下，社会对教师工作质量和效益的要求空前提高，进行以教师专业化为核心的教师教育的改革，已成为世界教育与社会发展的共同特征。

2. 教师要成为自我提高的成长者

要做"促进者"，自己首先要成为自我提高的"成长者"。因为教师的成长和幼儿的发展是一个连续体，只有教师持续地成长发展，才能不断地为幼儿提供有意义的学习经验，从而促进幼儿的发展。教育的意义是由教师来承担的，教师也需要承担自身教育的意义，即伴随职业活动，持续地自我发展和专业成长。

（1）知识经济时代的特点与需要 知识经济的最大特点就是知识的不断创新，这一特点使人类社会的生存发展，从对自然资源的依赖转向对人类自身素质的依赖。只有教育才能开发人类自身的创造性资源，而不适当的教育反而会压抑、窒息它。教育功能的这一变革自然引起了教师角色的变化，只有教师不断地学习和提高，才能适应知识经济时代的需要。

（2）教师实现内在生命价值，提高职业社会地位的需要 教师职业的内在魅力在于它是人与人之间心灵的交流，智慧的对话，生命的呼唤；是一项需要教师充分调动自己的聪明才智，去研究、思考、创造的十分具有挑战性的工作；同时也应该是一项能体验学生和自己成长的欢乐的工作。传统教育的功能定位（教师是春蚕和蜡烛，默默付出、无私奉献），降低了教师工作的挑战性和创造性，使教师的才智得不到充分发挥，自身价值得不到充分体现，付出远远大于收获，久而久之，职业倦怠就难以避免。《纲要》对教师角色的重新定位，无疑会促使教师职业焕发出其应有的魅力，让教师在自我学习、成长的过程中体验收获、创造以及实现自我生命价值的快乐。

成长中的幼儿教师还将以自己专业化程度的提升，改变以往在一般人眼里幼儿教师是"保姆阿姨"的传统角色定位，从而打造以有系统的专业理论知识做支撑，有专门的技能做保证的专业人才和幼儿教育专家的新形象，真正提高幼儿教师职业的社会地位和声望。

总而言之，作为"成长者"的教师，既是现代化社会发展、教育改革对教师的必然要求，也是不断变化的教育对象和不断出现的新教育问题与需求的必然要求。

**美国教师专业标准委员会确定的成功教师的五项标准**

1. 成功教师对学生及其学习尽职尽责

成功教师致力于使知识易于为每个学生接受。他们坚信所有学生都能学习，他们对学生既一视同仁，同时又承认并在教学实践中充分考虑学生间的个体差异，根据对学生兴趣、能力、技能、知识、家庭环境和同伴关系的观察和了解来调整自己的教育实践。成功教师了解学生的学习和发展，并在实践中运用认知和智力理论，发展学生的认知能力和对学习的兴趣。同样重要的是，他们努力培养学生的自尊、良好性格、公民意识，以及对个体、文化、宗教和种族差异的尊重。

2. 成功教师懂得所教学科及如何向学生传授该学科知识

成功教师能充分理解所授学科以及该学科的知识是如何创造、组织，如何与其他学科相联系，并如何用之于实际情境中。他们忠实地代表文化的集体智慧和确认学科知识的价值，同时又注意发展学生自身的批判和分析能力。成功教师掌握如何向学生传授学科的专门知识，知道哪儿可能出现疑难并相应调整其教学实践。成功教师的教学技能使他们可以创造所教学科的多种途径，并且善于教学生如何提出和解决问题。

3. 成功教师对监督和管理的学生学习负责

成功教师能创造、充实、维持和改变教学背景以吸引和保持学生的兴趣并最有效地利用时间，他们也善于吸引学生和他人帮助教学，善于吸纳同事的知识和专门技能。他们知道如何约束学生群体以确保一种有纪律的学习氛围，知道如何组织教学使学生达到学校的目标。他们善于设定学生间和师生间社会交往的规范，懂得如何激发学生的学习动机，如何在面对暂对的失败时保持学生的学习兴趣。成功教师能够评估每个学生和整个班级的进步，用多种方法测量学生的成长并能清楚地向家长解释学生的表现。

4. 成功教师系统地思考其实践并从经验中总结学习

成功教师是有教养者的典范，是学生模仿（如好奇心、耐心、诚实、正直、尊重多样性、重视文化差别）的榜样，也是作为智力发展先决条件之能力（如推断能力、从多种角度看问题的能力、创造和冒险的能力以及解决问题的能力）的榜样。成功教师以他们对自己学生的了解来对教学实践是否合理作出原则性判断，批判地审查自己的实践，力图扩展自己的技能，加深自己的知识，提高自己的判断能力，并根据新的发现、思想和理论调整自己的教学。他们终身学习，并鼓励他们的学生终身学习。

5. 成功教师是学习共同体的成员

成功教师通过在教学政策、课程开发以及教职员发展上与其他专业人员的合作来促进学校效能的提高。他们能根据自己对地方教育目标的理解来评价学校的进展和学校资源的配置，了解哪些专门的学校与社区资源有益于他们的学生，并善于在需要时利用这些资源。成功教师会设法合作性地和创造性地与家长打交道，使家长建设性地参与学校的工作。

**小棉袄**

美国教师专业标准委员会是一个非营利性的民间组织，该委员会的使命是确立成功教师应当知道什么、能够做什么的严格标准，发展和管理一个评估和证明教师是否符合这些标准的全国性志愿制度，并促进旨在改进美国学校学生学习的有关教育改革。

3. 教师要成为发展教育的研究者

新世纪的教育职业要求教师成为学者型教师，即除了具备专门学科的知识和技能和能力外，还应具有深厚的教育理论修养，广阔的教育前沿视野，敏感的教育问题意识，过硬的教育科研能力。教师必须在长期的教学实践中，不断探索和解决教学问题，致力于科研能力的培养和提高，才可能具备学者型教师的素质。

（1）教师应该而且能够成为研究者 因为保证教育研究的科学和规范化，最根本的是对研究内在精神的尊重——研究作为一种发现问题、分析问题、解决问题的过程，其科学的规范的核心乃是对事实的尊重。因此，教师完全可以成为教育研究者。

（2）反思性教学是教师成为"研究者"的重要途径 反思性教学指的是教师在先进的教育理论的指导下，借助于行动研究，不断地对自己的教育实践进行反思，积极探索并解决教育实践中的问题，在原有经验的基础上不断探索、研究、验证、发现，从而建构、整合成"自己"的教育理念，形成教育能力的过程，又叫"研究型学习"。教师研究的本质和主要特征是为了教育教学研究，在教育教学中研究，它不仅以改进教育实践、提高教育质量、促进学生的学习发展为目的，同时能够全面促进教师素质的提高，使其成长为研究型的教师，进而成长为研究者，在自己身上实现教学与研究、教育与学习的一体化。因此，反思教学是教师的专业学习与全面发展的过程。

反思教学作为教师成长的一种方式，既不同于个人经验的无意识积累，也不同于传统的"理论——实践"的学习模式。前者带有一定盲目性，后者则常常由其抽象性而使人产生"距离感"，即使当时觉得明白，但一到实践时往往又感到茫然。而反思教学从教育实践的实际问题出发，容易激发教师的热情和关注；同时，反思本身的固有特征必然要求教师更理性地（运用理论指导）去研究、解释自己的实践，促进教师在思考和解决实际问题的过程中活用理论，在提高实践的科学性、合理性的同时提高自己的专业素质。与一般的面向学生的教学方法不同，反思教学不仅以改进教育实践，提高教育质量、促进学生的学习发展为目的，最根本的在于它能促进教师的思考，使之更自觉地把握理论与实践相结合，更理性地认识自己的教育实践，由"传道、授业、解惑者"变为"学习者"，不再将眼光仅仅停留在以往只要获得证书、文凭或仅仅知道新的理论、知识、模式之上，而是注意改变和克服以前的一些功利性和表面化的倾向，从一般性知识、理论的学习转变到相关的重要专业素养的学习，特别是教育实践能力的真正提高，从而促进自身的成长与角色的转变，因而全面促进教师素质的提高。

**可贵的4种职业意识**

某年，一批日本幼儿园的教育同行来我校与我们进行了一次非常有意义的交流，这次交流给我们印象最深的是日本教师的职业意识。

1. 微笑意识

交流会上，一位幼教专家展示了日本幼儿教师和幼儿共同活动的照片，让我们说一说从照片中看到了什么。大家谈了许多，但是专家揭出的谜底却出乎每个人的意料，所有照片的共同点只有一个，就是日本幼儿教师发自内心的微笑，这个谜底给在座的每一位幼儿教师留下了深刻印象。家长把孩子送到幼儿园后，希望老师也能像他们一样爱孩子，孩子们也希望老师像妈妈那样慈祥，爱意融融。微笑不需成本，却可创造出许多价值。教师的微笑永远是孩子心中灿烂的阳光，幼儿从教师的笑容中读到的是爱、幸福、美好、健康、欢乐、慈祥、温暖和对生活的信心、热情、追求与活力。笑容是教师最好的形象，是教师给幼儿的最有价值的礼物，是对幼儿和家长最有效的承诺，微笑是幼儿教师职业意识最直接的体现。

2. 融入意识

一位年轻的日本幼儿教师表演童话《拔萝卜》。她身穿一件宽大的布围裙，围裙的大口袋里装着可粘贴的角色道具，演到一个角色她就拿出一个道具贴在自己的胸前，一边讲着一边模仿这个角色，她扮演老爷爷、老奶奶……表演得十分投入。那贴近角色的情感和热烈的情绪感染了我们，贴道具的细节也引起了我的注意。我们在给幼儿讲童话故事时，往往先把图片或教具演示给孩子看，然后分配角色组织孩子表演，教师是讲故事者或游戏表演的组织者而不是故事中的角色，既没有融入到故事的情境中去，也没有融入到幼儿的情感中去，这种行为差别所反映的，正是"融入情感，融入角色，融入幼儿"的职业意识的差别。

3. 平等意识

日本同行参观了我们的一些幼儿园，看到教师站着给幼儿上课感到十分惊讶。日本教师与孩子对话时保持同一视线，是同行们十分自然的做法。为什么我们的教师站着上课而没有意识到不妥当呢？原因之一是我们的幼儿园教学像是小学教学的翻版。老师高高在上讲话，孩子们仰着小脑袋听，这样做，孩子不仅容易感到疲倦，还会感到一种自上而下的压力，老师再亲切的话也会大打折扣。

4. 赞美意识

"赞美意识"是平等意识的重要表现和补充，赞美幼儿不但是口头表达对幼儿的理解、欣赏和爱，也是给予幼儿信心，满足幼儿心理需要的重要形式。如，当小班的孩子情绪不安哭闹时，教师用命令制止孩子的哭闹，虽然可以止住孩子，但却不能有效地稳定孩子的情绪，而用赞美他（她）优点的方法，往往容易转移幼儿的注意力，稳定孩子的情绪。许多幼儿教师往往有意无意地运用管理者的角色呵斥、命令、惩罚幼儿，这是教师的角色错误。运用管理角色处理问题形式简单，实效差。只有真正树立了平等意识，才会自然、自觉地赞美幼儿，而不会采取强制手段和方式。

### 三、成为优秀的专业幼儿教师的基本条件

作为一名幼儿教师，首先需要从自身做起，促进自身的专业发展。做一名优秀的幼儿教师，应从以下几点做起。

1. 唤醒自我意识

自我意识是幼儿教师专业自我发展的基础，它是指教师自身对教育情境中自己专业现状的总体认识、体验、评价和期望。这种自我意识在时间维度上，包括对自己过去专业发展过程的意识、对自己现在专业发展状态和水平的意识以及对自己未来专业发展规划的意识；在内容维度上，则包括幼儿教师在专业精神、教育理念、专业知识、专业能力和专业智慧等方

面的自我意识。当今"以儿童为本"的教育理念呼唤幼儿教师的专业自我意识，要求幼儿教师首先是全面发展和人格完善的人，应努力成为自觉创造自身职业生命的主体。幼儿教师的专业自我意识过低或过高，都会不同程度地影响和阻碍其专业自我发展。如专业自我意识过低，认为幼儿教育是一个稳定的、缺乏挑战的职业，是一种日复一日、年复一年的机械重复工作，那么，30年的幼教生涯或许就是他一年工作的30次重复；而如果过高估计、过分自负以至虚妄自大的专业自我，则又会导致其因盲目自尊而藐视教育理论，轻视他人有益的教育经验。

2. 具备成就动机

成就动机是幼儿教师专业自我发展的根本动力，它是由成就欲望转化而来的，是个体对自认为重要、有价值的事情自愿去做，并力求达到成功的一种内在动机，是激发人通往成功的一种内在机制和推动力量。由于各方面的差异，个人成就动机的水平不尽相同，不同水平成就动机的人，在从事相同的工作时，行为和感受也会有所不同。有研究人员曾经对上海市优秀幼儿教师进行了深入研究，结果表明，崇高的职业理想是优秀幼儿教师献身教育事业的根本动力，具体表现为他们对幼儿及幼教工作的挚爱，工作中表现出很高的教育机智和教育智慧。由此可见，有了较高的成就动机，有了崇高的职业理想，就能产生强大的工作动力，才有可能在专业上获得较快较高的发展。

## 幼儿园的任务

幼儿园的任务为解除家庭在培养儿童时所受时间、空间、环境的制约，让幼儿身体、智力和心情得以健康发展。可以说幼儿园是小朋友的快乐天地，可以帮助孩子健康快乐地度过童年时光，让孩子在这里不仅能学到知识，而且可以从小接触集体生活。幼儿园教育作为整个教育体系的基础，是对儿童进行预备教育（性格完整健康、行为习惯良好、初步的自然与社会常识）。其教育课程没有明显的区分，大概由健康、人际关系、环境、语言、表达等几个领域以及各种活动构成。各个领域相互融合，决定教学内容。

3. 善于自我规划

自我规划是幼儿教师专业自我发展的关键。这种专业发展的自我规划就是幼儿教师本人为自己的专业发展设计一个蓝图，为引导、监督和反思自身专业发展提供一个参照框架。幼儿教师应该了解教师专业发展的阶段性理论，全方位分析自身状况，正确判断自身目前所处的发展状态，预期自己的发展方向，确定发展目标，制定发展计划，使自己的专业发展在专业认知的基础上有序地进行。幼儿教师专业发展阶段理论要求幼儿教师在制定专业自我发展规划时应做到：首先做自我分析，全面认识自己的能力、兴趣、优势和缺陷；其次做环境分析，把握专业发展的大方向，使自己的发展与学校、社会和儿童的需求结合起来；进而确立目标，形成专业发展计划，列出优先发展领域、短期目标与长远规划等；最后，拟定专业发展路径，精心设计行动方案。

### 4.乐于自我反思

自我反思是幼儿教师专业自我发展的有效方法。美国学者舍恩认为，人们职业水平的提高，最重要的渠道不是离开职业活动的专门学习，而是在职业实践中不断反思。自我反思强调幼儿教师的思考和体验。体验意味着作为教育主体的幼儿教师对教育行为的自觉体悟和反省，体验使得自我反思超越了单纯的技术或方法论层次，而成为幼儿教师的存在方式和专业生活方式。众所周知，专业知识是建立在专业经验的基础上的，但是如果不能对自身经验进行积极的体验和反思，经验对专业知识的增长就不会有多大贡献。积极的体验与思考可以让幼儿教师从经验中学到一些情境化、个人化的实践性知识，领悟教育的意义并提出新的教育方法。为了进行有效的体验和反思，幼儿教师可以通过撰写反思札记帮助自己进行教育反思。把教育教学过程中的一些感触、思考和困惑记录下来，以帮助自己重新审视和认识自己的教育教学行为，这将十分有助于幼儿教师有意识地提高自身的教育反思能力。

小锦囊

### 幼儿园的分类

幼儿园按照时间可以分为全日制幼儿园和寄宿制幼儿园；按照对象可以分为幼儿园、残疾儿童幼儿园和特殊儿童幼儿园；按照服务可以分为双语幼儿园、音乐幼儿园；按照规模（包括托、幼合建的）可以分为大型幼儿园（10~12 个班）、中型幼儿园（6~9 个班）和小型幼儿园（5 个班以下）。为了便于教育管理，一般按照年龄划分为小班、中班和大班，其中小班为 3~4 岁幼儿，每班 20~25 人，中班为 4~5 岁幼儿，每班 25~30 人，大班为 5~6 岁幼儿，每班 31~35 人。

每章一练

1.解释幼儿园的定义。

2.叙述教师的角色特征。

3.叙述幼儿教师的工作特征。

4.如何成为优秀的专业化幼儿教师？

# 第二章

## 现代教师的专业化发展

了解专业化及教师职业专业化的基本概念，明确教师职业专业化是现代教育的目标和时代的需求。

认知：了解教师专业化等一系列基本概念，了解培养、造就高素质的教师是关于我国科教兴国、民族振兴的大事。

理解：深入学习教师专业化的深层含义。

运用：能够掌握所学概念及理论，运用到实践中去。

\* \* \* \* \* \* \* \* \* \* \*

## 第一节　教师专业化的概念

### 一、教师专业化的基本概念

自法国拉萨尔于 1861 年创办第一所正式的教师培训机构以来，教师教育经历了由不规范化到系统化、制度化，由职业经验化到科学化的曲折发展历程。

1. 职业与专业

职业是人们赖以谋生的基本条件，它是社会分工、产业分化的结果。近现代社会化大生产的分工，形成了多种社会行业和组织，于是就有了工业、农业、商业服务业以及从事这些行业的人，为满足社会生活、生产的需要而各自承担一定的社会职责。

专业（profession）一词最早是从拉丁语演化而来的，其原意是指公开地表达自己的观点或信仰。与之相对的是"行业"，包含着中世纪手工行会所保留的对其专门知识和技能的控制，只能传给本门派人的神秘色彩。德语中的专业一词是 Beruf，其含义是指具备学术的、自由的、文明的特征的社会职业。1933 年，社会学家卡尔·桑德斯和威尔逊在他们的经典研究《专业》一书中，首次为"专业"下了定义。他们认为："所谓专业，是指一群人在从事一种需要专门技术的职业，是一种需要特殊智力来培养和完成的职业，其目的在于提供专门性的服务。"近代西方哲学家 A · N · 怀特认为，专业是一种行业，其活动有理论的根据、有科学的研究，可以验证，并且能从理论分析与科学验证中积累知识来促进这个行业的活动。

因此，专业即指需要专门技术的职业，从事这类职业的群体须经专门培训，掌握专业技能甚至相应的理论知识。这些职业及其从事者可以按照一定专业标准，承担独特的社会任务，发挥特有的社会功能和价值。譬如欧洲中世纪时期，大学分化出神学、医生和律师三种原始学科，成为当时人们公认的最古老而又典型的专业。到 20 世纪初，纽约州立大学又将牙医、兽医、药剂师、会计师列入"专业"之列。其后，随着工业革命及知识与科技的发展，社会分工日趋精密，各种新兴职业不断涌现，不少职业也逐步争取到"专业"的称谓。

事实上，无论在西方众多社会学者心中，还是在广大民众眼里，专业群体的共同性都是十分明显的，即作为一种专业，它须具备的核心特质可归纳为 3 方面：

（1）具备一套"专业知识"。

●一套具有普遍性、系统性、可记录及传递且有一定学术地位的理论系统；

●该理论系统须能落实为可实践的原则——专业技能，并可应用于解决人类生活上的实际问题；

●对社会具有一种不可缺少的功能；

●获得证实或社会大众的信任。

从专业知识这个角度出发，可推演出"专业"的特征：

●第一，由于专业知识享有一定学术地位，故多能成为现代大学内的一门独立学科；

●第二，由于专业知识包括理论系统与实践原则，所以专业训练较其他职业需要更长时间；

●第三，由于专业知识包括复杂的理论系统及实践原则，因此它可自成一个封闭系统，只有接受了专业训练的人才有能力获得这些知识。

（2）具备一个"服务理想"　所谓专业的服务理想就是专业内成员能表现出一种以服务社会大众为首要取向的服务态度，这种专业的服务理想表现在以下几个方面：

第一，专业人士在提供服务及做出判断时要以当事人的利益及需要为依据；第二，专业人士须具备客观的服务态度，即专业人士与当事人的关系只限于工作需要，绝不牵涉私人感情及利益；第三，专业人士在提供服务时对所有当事人均一视同仁，绝不因个人好恶、信仰、种族、阶级等因素而有所歧视。

总而言之，所谓专业的"服务理想"就是指专业内的成员具有忘我的、客观的、一视同仁的服务态度。由此衍生出来的专业特征包括：首先，为确保专业内所有成员均能体现这种"服务理想"，专业组织应将其制度化为一套专业的道德守则。其次，更重要的是须赢得社会大众及当事人的信任，相信专业人士确实能体现专业的服务理想及遵守道德守则。

（3）具备一种"专业自主权"　所谓专业自主权是指专业成员不受专业外势力的控制与限定，有权做出"自主的"职业判断。这种"专业自主权"既是个人的，也是集体的。

作为个人的"专业自主"，在特定的情境中可以自主选择特定的行动。作为集体的"专业自主"，有权从整体上决定各种政策，组织和实施程序。如医生和律师职业就有权选择他们自己的职业，决定他们自己的职业规则和责任。这是由于社会大众相信及接受专业对其专业知识的垄断，所以也接受专业自行管理其成员的自主权，这包括审核从业者的资格与能力、判断从业者的专业水平与行为，即形成对专业内裁决权的独揽。其次，为了行使其独揽的裁决权，专业内必定形成一个强制性会员资格及对会员有制裁权力的专业组织。

由此可见，职业不等同于专业。一门职业能否被认可为一门不可替代的专业，有其必要的特征。专业特征，也就是职业的专业性问题。国际上公认的职业专业化的6大标准是：

● 专门知识，即须以掌握系统的专业知识和技能为前提；

● 有较长时期的专业训练，即从业者须接受较高学历的专门培训；

● 专门的职业道德和较高的职业声望；

● 有自主权，能根据自己专业进行判断和决策；

● 有组织，如行会、学会组织等，有行业自身实行监督控制的约束；

● 融服务与研究于一体，需要终身学习。

总而言之，专业就是能够为社会提供一种特有的，范围明确且不可或缺的服务的专门职业。

 小锦囊

**何谓"专业"**

在国际教育界广泛运用的是美国学者利伯曼（M.Lieberman）定义的"专业"概念。利伯曼认为，所谓"专业"，应当满足如下的基本条件：

（1）范围明确，从事社会不可缺少的垄断工作。

（2）运用高度的理智性技术。

（3）需要长期的专业教育。

（4）从业者无论个人、集体均具有广泛的自律性（autonomy）。

（5）在专业的自律性范围内，直接负有作出判断、采取行动的责任。

（6）非营利，以服务为动机。

（7）形成了综合性的自治组织。

（8）拥有应用方式具体化了的伦理规范（code of ethics）。

2.教师专业化

所谓专业化即指一个普通的职业群体在一定时期内不断努力探索、不断走向成熟，逐渐建立起专业标准，成为专门职业并获得相应社会地位的过程。

（1）教师是职业还是专业　我们已经了解了专业的特质，那么教师职业是否能称为一种专业呢？它是否符合专业的各种标准呢？

首先，考察一下教师职业的知识基础与专业知识之间的关系。就教师工作所建立的理论系统而言，在制度层面上，教师专业的知识基础已成为大学内的一个独立学科；然而就学科的内容与性质分析，它又存在着双重的学科基础，一方面是教育的基础知识，如教育哲学、教育心理学、教育社会学等；另一方面是教师任教科目的学科知识，如生物学、物理学等。长期以来，这种理论基础的双重性引起了教师培养上的"师范性"与"学术性"的争端。另外，教育理论与教学实践之间也存在着脱节，从事教学理论研究者与实际进行教学实践者互不相干，实际执教者多数不从事研究工作。

其次，在教师职业与专业服务理想方面，教师组织中专业道德守则的发展与确立是较为落后的。例如利伯曼指出："在美国，教育的道德守则发展较其他专业落后。"美国一个重要的教师组织——国家教育协会，在 1929 年制定并通过了一份道德守则，直到 1952 年后才得到各州的广泛采用；另一个主要的教师组织——美国教师联盟，由于倾向于工会主义，始终未制定过任何道德守则。造成这种现象的原因一是因为教师组织在认定本身组织目标及选择行政策略上出现混淆，视组织为工会而非专业组织；第二是教师组织未能争取到对职业的管辖权，因此对从业者缺乏有效的制约力，专业道德难以确立与执行；第三是教师是学校的雇员，在工作上受各种规章制度的制约，因此，由教师专业组织制定的教师专业道德守则的必要性较其他专业小。

再次，在教师职业与专业自主权方面，虽然教师这项工作已被肯定为社会所不可缺少的，但不少人认为对教师进行专业训练只是有用，而并非必要。造成这种错误认识的主要原因是教师工作未具备专业自主权，未形成国内的专业知识，没有一套专用的术语及独特的传统方式，所以很难维持教师专业的垄断性及封闭性。

最后，国内教师专业发育的现状看，1994 年我国颁布的《教师法》规定：教师是履行教育教学职责的专业人员，从法律的角度确认了教师的专业地位。但是，对照职业专业化的标准，教师专业发育还不够成熟，其表现在：

●从整体来看，我国中小学教师的专业知识和专业能力不够强。

●教师缺乏自主权，表现在教师的依赖性——依赖专家；表现在教师的服从性——服从教育行政部门的指令，教师、学生、家长很少参与决策，教育民主化不够。

●缺少专业团体，很少组织学术讨论等专业活动。

由此可见，目前的教师职业还称不上是一个"已确立的专业"。既然教师职业在我国还没有完全达到专业化程度，所以必须通过改革，加快教师专业化进程，提高教师专业化水平，促进教师教育向专业化方向发展。

（2）教师专业化的标准　教师专业化的基本含义是：

●教师职业具有独特的要求和条件。教师职业的从业者要有从事教育工作应具备的较高水平的专业知识技能，包括学科知识和教育知识技能；要受过较长时间的专门训练，特别是经过实地的教育实习，具备一定的教育教学能力；要具有较高的职业道德，遵守职业规范，严格律己，为人师表；要有主体意识，不断反思自身实践，有终身学习的意识和能力。

●国家有教师教育的专门机构、专门教育内容和措施。如我国的中、高等师范院校，有专门的教师培养制度。

●国家有对教师资格和教师教育机构的认定制度和管理制度。如国务院1998年颁布的《教师资格条例》和2000年的《〈教师资格条例〉实施办法》，从政策法规上对教师资格认定标准、机构和程序做出规定，成为较具规范性的制度。这应当是保障教师专业的固有特性，使之成为不可代替职业的外部条件。

●教师专业化发展是一个持续不断的过程。教师专业化是一个发展的概念，既是一种状态，又是一个不断深化的过程。从近代教学形式——班级授课制的建立开始，教师作为一种专门职业已经走过了 300 多年的历史，目前，教师职业仍未能达到像医生、律师等那样的专业化程度和地位，所以有人说，教师职业还是一个"形成中的专业"。这是由于：①教师培养制度的建立是一个逐步趋于完善的过程；②教师职业所依据的专业知识体系有一个逐步丰富、成熟并得到确认的过程，尤其这一职业所依据的专业知识具有专门学科与教育科学的双重学科性质，而教育类知识的科学基础及相应研究还相对薄弱，距切实解决教育活动的实际问题还有一段距离；③教师专业化的重心需从关注教师职业的专业地位转向教师本身的专业发展。

**教师将理论落实到行动的三个阶段**

第一阶段：落实在纸上。幼儿教育专业的学生在学校以学习理论为主，考核时主要看他们能不能把书上的内容搬到纸上。能搬过来，就能通过考核，没准儿还能拿高分。虽然考核中会有一些联系实际的综合题，但一般不会影响学生通过考核。所以，很多学生将所学的理论仅仅落实在纸上，还没有留在心里，不是自己的东西。

第二阶段：落实在"心"中。教师进入工作岗位，在慢慢成长。他们通过在实践中的观察，产生了一些想法，也有了很多业务学习机会。他们经常看杂志、听报告、写文章，还要在同行面前说说自己设计活动的思路，久而久之，教师就慢慢变得会说了，这是一大进步。这时，有些理论已经进入了心里，教师也能有意识地运用理论去指导实践了，但在实践中一看，也许说得好，做不到；或者有时能做到，常常做不到。

第三阶段：落实在行上。教师往往在活动前精心设计，想把理论体现在实践中，之后也有所分析。在观摩活动中，你会看到一些特别出彩的环节，但是，只有在意识不到的情况发生时，教师仍能从容应对，这才最见功力。有的老师能顺水推舟，将突发事件转化为教育契机和资源，这才是最高境界。最高境界就是落实在点点滴滴，似乎不是刻意去做，而是自然而然地做到了。

## 二、时代发展促进教师专业化理念的产生

1. 教师专业化提出的背景

（1）新技术革命对教育提出了更高要求　20世纪四五十年代以来的科技大发展，使诸多领域内都发生了深刻的变化。它导致科技知识累积激增、陈旧率加快、生命周期缩短，造成所谓的"知识爆炸"和"信息爆炸"。这场新科技革命的规模和影响，远远超过了以往的蒸汽和电力革命。尤其到了20世纪七八十年代，科技的发展更是一日千里，知识更新速度变得更快，信息量激增，社会经济结构和产业结构调整速度加速。社会科技的快速发展不仅对人才提出了量的要求，更提出了质的要求。以往传统的"一次性教育"培养人才的方式已不适应社会的发展，因此，提高教师的专业素养和专业教育能力，变革教师培养体制，就成为教育改革首先要解决的问题。

（2）终身教育思想的提出　1965年，前联合国教科文组织终身教育局局长、法国教育家保罗·朗格朗提出了著名的终身教育思想，1970年出版了《终身教育导论》。他认为，千百年来社会把人的一生划分为前半部分接受教育，后半部分从事职业活动是没有科学根据的，不符合现代生活的实际情况，更不符合未来的要求，教育应贯彻于人的一生。因为谁都知道，世界变化越来越快，特别是第二次世界大战以后，科技的快速发展、社会结构调整不断加快，长期以来形成的传授知识的方式和结构，在很大程度上已失去了效率，以往需几代人才能完成的变革，现在只需一代人就可以完成。因此现在任何人都不能指望青年时代所接

受的教育能享用一生，所以教育应当是个人一生中连续不断的学习过程。而作为为社会、国家培养合格人才的教师，更应要求以终身教育为目标，将终身学习贯穿于自己的一生，不断完善自己的专业知识、专业能力，不断吸取本领域和相关领域的知识，研究最新的科研成果，提高自己的科研能力，使自己跟上时代发展的步伐，并在教育教学过程中教学生学会学习，学会认知。而培养教师的主要途径——教师教育，更应将教师的职前培养和在职培训连贯起来，重视教师的在职培训，提高在职教师的素质。因此，20世纪80年代后期特别是90年代以来，世界各国无不关注教师教育，关注教师的专业化，教师教育改革已成为全球性教育改革的突破口。

（3）教师承载了人们对教育的社会期望　在传统的认识中，教育一般被定位于"传承"社会文化，但20世纪70年代以后，人们开始把国家富强、民族振兴、科技发展等社会问题和青少年成长问题与教育联系起来，把解决方方面面问题的希望都寄托于教育，希望教育界承担起更多的解决当前社会问题的责任。由于教师是教育活动的实施者，因此这些期望又"顺理成章"地转化为对教师的素质要求，现代教师不仅要有广阔的知识视野、良好的道德修养、健康的心理素质，还要有开拓的创新精神、精湛的教学艺术等等。因此，教师专业化问题日益成为社会各界关注的焦点。

正是上述时代的发展与变革，催生了教师专业化理念的形成并成为社会各界关注的焦点。

2. 教师专业化理念的涵义

（1）"教师是发展中的个体"　是教师专业发展所要表达的核心理念之一。教师专业化的本质是教师个体专业不断发展的过程，日本学者藤冈完治在《成长中的教师》一书的前言中写道："长期以来，我国关于教师的议论存在着一方是理念型教师论，另一方是人才型教师论的双重结构。即一方面是教师应该如此这般的理想化的教师论，陈述的是设想中的教师，另一方面以如何赋予教师教的能力、如何为此进行培养和培训之类方法论为焦点进行热火朝天的议论。无论哪种议论欠缺的都是作为'学习中的人''成长，发展中的人'的教师。本书就是思考这个'失去的一环'，即教师作为一个具体的人，作为职业人也好作为人也好，成长和发展意味着什么？"这也是我们在探讨教师专业发展时首先应该关注的理念。

美国学者伯克认为，"教师专业发展"这个概念的基本假设是：教师需要持续的发展。弗兰和哈格里夫斯也曾指出，当我们要了解教师发展时，必须考虑的第一个因素就是，教师是一个"人"。一个教师虽然在身心上一般而言都要比学生成熟，但并不意味着已经成为一个完全成熟的个体，不会再发展。一个教师在生理上都已趋近成熟，但在心智上任何教师都有无限发展的可能和空间。总之，教师是发展中的个体这一点是"教师专业发展"这一名词所要表达的核心理念之一。

（2）教师的专业发展要求教师成为学习者、研究者和合作者　布兰克曼曾简要地给"教师专业发展"定义：不论时代如何演变，教师始终都是持续的学习者，这种学习就是"专业发展"。伯克也曾说过，学习的特权和帮助他人学习的特权，乃是教师工作中最令人感到兴奋与刺激的部分。两位学者都强调"教师即学习者"的观念。实际上，这也是所有教师发展研究者们均坚持与强调的观念。

而"教师即研究者"这一观念把教师视为积极的研究者，强调教师自发地学习和研究，而不是把教师视为"被发展"或"有待补救"的个体，因而极受教师发展研究者的青睐，并被纳入教师专业发展概念之中，成为教师专业发展概念的重要构成要素。依据"教师即研究者"这个概念，教师成长历程的自我发展包括3个主要活动：练习作出专业判断；进行批判性反思；进行系统的自我分析。皮恩克和海德也曾指出，教师专业发展的计划必须包括理论、研究和实务工作人员的反思，以便确定出适合特定背景和环境的学校革新。首都师范大学王长纯教授也曾指出，形成教师的专业生活方式是教师专业发展的基点。所谓的专业生活方式主要包括教师要进行反思型教学，进行教育教学研究及做到终身学习。三者要同期互动，并形成专业生活的习惯与方式。研究态度与能力是一个人创造力的集中体现，是一个人主体性的能动体现，是人的发展的基本手段。随着时代的发展，教师职能的深刻变化，没有反思的教学，缺少研究的教育已经不能满足未来的要求了。同样离开实践的研究也无法回应时代的挑战。所以，专业研究者回归实践，研究回归中小幼教师已成为历史的必然。

另一方面，教师还应是一个教育合作者，善于和学生、同事、领导、社区、家长沟通与协作。在今天强调共同设计课程、协同合作实施教学的新课程教学改革的背景下，教师之间的协作显得尤为重要。而许多学校所具有的孤立、保守的特性则在一定程度上严重影响了教师之间的协作。教师处于整个教学专业的最基层，独立自主地处理其教学的事务，很少人能过问其行事的方式，教师与教师之间也很少相互干涉。然而，这种"自主"的代价就是不可避免的孤立性。这种文化对于教师的协作具有相当的负面影响。为此，教师的专业发展，要求打破这种孤立、保守的学校文化，呼吁教师之间的协作。教师之间的协作可以促进教师与同事共同获得专业上的成长。对此，美国学者利伯曼曾指出："过去的教师培训或在职教育意味着针对个别教师的工作，并抱有这样的假设，即教师有了关于客体内容和如何呈现这些内容的知识就足以将其运用于课堂教学。但教师专业化却代表了一种更为宽阔的思想。它不仅是教师与学生一起改进其实践的途径，而且它还意味着在学校中建立一种相互合作的文化，在这一文化中教师之间相互学习的行为受到鼓励和支持。"

更为重要的是，教师也要与学生合作，与学生一同成长。教师的专业发展和学生的发展二者的关系应是互为条件、互相促进的。教师发展的价值和意义不仅在于提高教师的职业生命质量，更在于它是促进学生发展的真实和必要的条件。理想的教育是：在师生共同的生活世界中教学相长，学生在教师的发展中成长，教师在学生的成长中发展。

（3）教师的专业发展要求把教师视为"专业人员"　把教师视为专业人员时，并非表示目前的教师已经具有了专业水准与专业地位，而是表示着对教师朝着成为专业教育家方向努力的期许。就社会而言，只有把教师如此定位，才能充分激发教师的潜能，从而达到提升教育水准的目的；就教师个人而言，要想提高自己的专业地位，也必须自我期许，并以此作为努力的目标。因此，从这一意义上说，教师的专业发展是教师作为专业人员，在职业生涯中追求专业成长的过程。

美国学者佩里认为，就其意义来说，教师专业发展意味着教师个人在专业生活中的成长，包括信心的增强、技能的提高，对所任教学科知识的不断更新拓宽和深化以及对自己在课堂上为何这样做的原因意识的强化。就其最积极的意义来说，教师的专业发展包含着更多的内容，它意味着教师已经成长为一个超出技能的范围而有艺术化的表现；成为一个把工作提升为专业的人；成为一个把专业智能转化为权威的人。

（4）教师的专业发展要求教师发展的自主性　教师自主发展具有重要的意义。以往的许多教师培训课程与模式虽然名义上是为推动教师专业发展，但它们总是以一种居高临下的姿态，往往带有"补救缺陷"和强行灌输的意味。由于教师培训的目的是外在于教师的，教师发展的需要也是外在于教师的，因此，培训也是统一的和强制性的。这实际上是忽视了教师发展的个体性、内在性和主动性，缺乏对教师个体生命的人性关怀。因此，教师的专业发展必须强调教师发展的自主性。

教师专业发展的自主性促进了教师教育观念的转变：从工具主义的教师观转向了人本主义的教师观，把教师从被改造的对象提升到了发展主体的地位。教师的自主发展强调的是发展教师个体的个性和特长，使个体的潜质充分发挥出来。关照个体内在性时，就会考虑教师内在的需求与愿望，去激发教师的内在动力，从而使教师发展成为自觉的、主动的行为，而不是采取了强制方式，教师不再被视为需要改造的对象和有缺陷的存在及教育的工具。

教师自主发展具备3个特点，即：

●发展需求和愿望的内在性。教师的自主发展需求和愿望是内在的，这种需求和愿望是根据自我意识，基于个人的人生价值与意义的追求愿望和目标而产生的，称为自我超越的意识，是自我超越的内在依据和动力。

●发展内容的个体性。教师自主发展的发展内容具有个体性，即发展是个体的内在潜能，不是为了达到外在的标准，而是为了发展个体内在的潜能，即具有个性特点的兴趣、爱好和才能。这里的个体性并非排斥社会性，我们已经看到自主发展型教师是在最大可能发挥个人潜能以在承担和履行个人作为知识人的社会使命方面达到最优化的人。因此，他们的自主发展是个性与社会性和谐发展意义上的。

●发展个体的自觉主动性。自觉主动性是发展个体的主体地位和主体性的集中体现，与被动消极相对应，也是能动性的体现。教师的自主发展是一种自觉的、主动的发展状态，是基于教师的主观能动性的自我超越活动。自觉主动是一种发展的状态，这种状态形成教师的一种日常的生活样式。它虽然表现为行为的方式，但实质上是人性中能动性的表现。自主发展是教职生涯的最高境界。用日本教育家小原国芳的表达方式就是："与其做一个完成的大行家，不如永远做一个未完成的学徒！""完美无缺的人格与学识，没有必要。教师需要的是不断地前进，进步乃是最重要的资格。"

**美国专家型教师标准**

1. 将更多知识运用于教学问题的解决。这些知识包括所教学科的内容知识、一般教学法知识、与具体教学内容有关的教学法知识以及教学得以发生的社会和政治背景知识。

2. 解决教学问题的效率高。他们能在较短的时间内完成更多的工作，或者明显只需要较少的努力。程序化的技能使他们能将注意力集中在教学领域高水平的推理和问题的解决上。在接触问题时，他们具有计划性且善于自我觉察，时机不成熟时，他们不会贸然行事。

3. 富于洞察力。他们能够鉴别出有助于问题解决的信息，并有效地将这些信息联系起来。他们能够通过观察，找出相似性及运用类推来重新建构手边问题的表征。他们能够对教学问题做出新颖而恰当的解答。

——摘自吴义昌《美国专家型教师的标准》，《早期教育》，2003年第6期

## 第二节  高素养教师的基本概念

教育改革的实践使人们认识到,一切教育努力最终赖以成功的正是教师的个人品质和性格、教师的学历和专业能力,这就对完善教师的专业素养提出了要求。目前教师素养现状不利于新世纪素质教育的要求,也影响着新教育的改革与实施。改革的基本标准给教师的发展带来了挑战,教师必须从适应改革需要和个人未来发展的角度更新观念,努力提高自身的道德素养、知识素养和能力素养,以保证新课程的顺利实施。

不仅如此,教师的专业化由过去集中在教师地位和权利的改善方面转向教师的专业发展方面,注重教师教学实践、教学品质的改善,实际上也是对教师专业结构,特别是教师专业素养的强调与重视,因为教师的教学实践的改善,教学品质的提升最终依赖于教师专业结构的不断完善,教师专业素养的不断提高。正是在这个意义上,我们说,教师的专业发展过程实际上是教师的专业结构不断完善的过程。

以往对教师专业结构的研究主要来自两方面,一是对"专业特质"的研究,二是对"教师素质"的研究。其中,关于教师"专业特质"的研究主要适用于作为专业人员群体所应具有的特质的研究,而"教师素质"研究则主要是从对教师的素质要求或从优秀教师所应具备的素质的角度来展开的。这里所说的教师专业结构是从教师作为一名专业人员的角度对教师的内在专业结构进行的分析。

### 一、专业化教师应具备的基本素质结构

教师专业化的本质,是教师个体专业不断发展的过程。它一方面表明社会对教师职业要求的提高,另一方面也表明,教师素质的内涵应具有更丰富深刻的含义。新的时代对教师提出了职业专业化的要求,而专业化教师所应具备的素质如表2-1所示:

表2-1  专业化教师所应具备的素质

| 项目 | 主要内容 | 地位与作用 |
|---|---|---|
| 专业精神 | 认识教育事业的重要性,基于对教育工作本质的理解而形成对教育事业的责任意识,主动进取,创新奉献,逐渐形成教育的理想信念 | 专业精神是教师教育人格和伦理的核心,是做好教师工作的内在动力因素,具有基础性价值和处于头等重要的地位 |
| 专业知识 | 具有一般的较宽广的科学与人文素养;当代重要的工具性学科知识;1~2门学科专业知识;教育学科知识技能 | 专业知识是教师教育工作成功的知识和技能性保障 |
| 专业能力 | 教育教学的能力(含监控能力);社会交往的能力;组织管理的能力;一定的教育研究能力 | 专业能力是新型教师的重要特征,是一种综合素质,做好教育工作不能没有专业能力 |

朱小曼教授从教师专业化成长的角度提出,教师专业化成长的完整内涵应包含观念系统、知识系统和伦理与心理人格系统;教育部师范司编撰的《教师专业化的理论与实践》培训教材中,明确地把"教育知识""教育能力"和"职业道德"列为"教师专业化"的三大标准——"国家对教师任职既有规定的学历标准,也有必要的教育知识、教育能力和职业道

德的要求。"

**1. 教师的专业理念**

教师的专业精神也可以称为专业理念，联合国教科文组织曾多次在会议上号召各国政府，把对教师的专业精神的培养放在头等重要的地位，而非仅仅注重学科内容。因为教师的专业理念就是教师基于对教育工作本质理解的基础上形成的关于教育的观念和理性信念。正如叶澜教授从当代教师专业素质的基本要求的角度，在对教师专业结构设想中提出，教师的专业理念为教师专业行为提供了理性支点，使作为专业人员的教师与非专业人员区别开来。因为教师对教育的理解是任何教育实际得以发生的内在依据。它能激发起教师自身对教育事业的责任意识、主动进取和创新奉献精神，是做好教师工作的内在动力因素。至于作为教师专业化标准之一的专业品质——职业道德，我们将在下一个问题探讨。

**2. 教师的专业知识**

教师要有更新知识的紧迫感，因为教师的专业知识是其教育工作的知识技能性的保障，根据埃尔伯兹的观点，教师需要拥有的知识包括：学科知识；课程知识（关于学习的经验及课程内容的建构）；教学知识（关于课堂管理，教学常规，学生的需要、能力及兴趣）；教学环境的知识（关于学校及其周围社区的社会结构）以及自身的知识（关于他们自身作为教师的优势及弱点）。他把这些知识称之为"使用知识"，认为当教师遇到"各种任务和问题"时，这些知识可以引导教师的工作。

以往的教师培训往往注重提供教学专业的知识基础，而不注重提高教师的学习能力。《中共中央、国务院关于进一步加强人才工作的决定》强调，要重点培养人的学习能力、实践能力，着力提高人的创新能力——我国今后将把这"三大能力"作为人才培养工作的"重中之重"来抓。因此，在知识经济时代，面对知识爆炸和不断更新，在专业化教师的"专业知识"标准中，最重要的是培养学习能力。学习能力是人才的基本能力，必须实现3个转变：从拥有文凭向拥有能力转变，从阶段学习向终身学习转变，从学了什么向学会什么转变。

**3. 教师的专业能力**

这是来自教学实践的能力和经验。"专业能力"的实质是"实践能力"，主要依靠教师在教育教学实践中，摸爬滚打，长期积累。教师要胜任工作、承担好教师角色，特别要强调的是人际交往能力、管理能力和教育研究能力这3方面的能力，这几个方面是相互联系、互相支撑和渗透的。这里要求强化教师作为人的作用，这是任何技术手段也无法替代的。教育过程特别强调教师要理解人并具备与人交往的能力，因为教师的工作就是通过人与人之间的合作和共同活动对人的发展产生积极影响，因而与人交往的能力是教师应具备的最基本的能力。

综上所述，教师应有的素质是专业精神、专业知识和专业能力的综合统一。在此基础上，才有可能形成教育的专业智慧，对教育情景及其问题具有敏感性，才能够把握教育时机和妥善处理教育过程中的矛盾冲突，从而不断提高教育质量和效益，使教育逐渐成为一门艺术。

**二、专业化教师所应具备的专业能力与师德**

职业道德即专业品质，是教师专业化发展的原动力，它包括职业道德、敬业精神、服务意识、开放心态和创新意识等。提高我国教师的专业品质，要特别强调培养师德和创新意识。教师不仅是知识的传递者，而且是道德的引导者，思想的启迪者，心灵世界的开拓者，情感、意志、信念的塑造者。作为儿童发展的先知者、引路人和儿童完整人格的培养者，教师的职业态度和职业伦理对儿童的发展有着直接和重大的影响。因此，树立以儿童发展为宗旨的教育伦理观，是教师自身专业化的伦理基础。能否促进儿童全面而健康地成长，是衡量一名教师的师德及专业化水平的重要标准。

1. 知识是师德之脑

自 1980 年开始，教师知识已成为教师教育研究的一个焦点问题。学者们对教师专业知识的构成至今未达成共识。这说明了教师知识结构这一问题的复杂性。

舒尔曼（Shulman,1987）定义了构成教师知识基础的 7 种类别的知识：

● 内容知识，主要是指学科知识；

● 一般性教学知识，指超越各具体学科之上的关于课堂管理和组织的一般原理和策略；

● 课程知识，指对作为所教的"职业工具"的教材和教学计划的掌握；

● 教学内容知识，指对将所教的学科内容和教育学原理有机融合而成的，对具体课题问题或论点如何组织、表达和调整，以适应学习者的不同兴趣和能力，进行教学的理解；

● 学习者及其特点的知识；

● 教育环境的知识，包括从班组或课堂的情况、学区的管理和经费分配，到社区和文化的特征；

● 关于教育目标、目的和价值以及他们的哲学和历史基础的知识。

在这 7 个知识领域中，最受舒尔曼重视的是第 4 个领域，即教学内容知识（Pedagogecal Conteat Knowledge，PCK）。这个 PCK 被界定为在教学情境中把教育内容——科学和文化的内容加以具体化的知识。舒尔曼主张，"科学的内容与教学论的特殊合金"便是 PCK，教职的专业知识之核心就是根据这种 PCK 构成的。正如舒尔曼等人的研究所启示的，优秀的教师不仅仅表现在于课堂管理中教育技术与教学过程决策的出色，而且还必须具备这样的能力：深刻理解教育内容，能用生动的例子提示教育内容的知识，理解该知识的种种道理，能够设定激发该知识学习的恰当课题，能够引发儿童多样的表象与思路，能使儿童的学习逼近教育内容。可以说，PCK 领域的知识正是教师专业性的核心之一。

吉尔伯特、赫斯特和克拉里提出了关于"课堂教师"专业知识基础的一个广泛的既前后有序又具有层次的分类。第一类是关于学校作为一种机构的知识，第二类是关于学生的知识，第三类是教学知识，最后一类是决策层次，又称实际应用的知识。

尽管研究者们所提出的关于教师的专业知识的构成各有不同，但两种知识是被共同关注的，它们是"学科知识"和"教学知识"。这一事实在很大程度上表明教师的学科知识与教学知识对于其教学的基础性与必要性。

此外，许多学者还普遍强调实践性知识对于构建教师专业知识的重要性。实践性知识包含知识、信念、价值观、态度等，只存在于使用过程中，只能在实践活动中获得。教师不仅要吸收他人归纳出来的已经获得确证的知识，而且要拥有"实践的智慧"。

总之，我们可以看到教师专业知识类别的多样性和分类体系的多样化，由此可在一定程度上体会到教师知识结构和体系的复杂性。因此，作为一名专业教师，需具备所执教学科的专业知识、一般教学法知识、学科教学法知识、个人实践性知识以及有关学习者的知识。

## 幼儿的活动

　　幼儿园以游戏为主要活动，逐步进行有组织的作业，如语言、手工、音乐等，并注重养成良好生活习惯。各国在幼儿园的定义中都明确了游戏是幼儿园里幼儿教育与生活的最主要内容。如英国对幼儿园解释为"用实物教学、玩具、游戏及发展幼儿智力的学校"，德文解释为"尚未进学校的游戏学校"。另外，幼儿园一年中举行的重要活动还有：幼儿园的入学典礼、儿童节、教师节、中秋节、国庆节、运动会、圣诞节、元旦、结业典礼等。

### 2. 态度动机是师德之目

　　教师的专业态度与动机是教师的专业活动和行为的动力系统，涉及教师的职业理想、对教师专业的热爱程度、工作积极性和专业动机（职业满意度）等方面。教师的职业理想、态度、动机和职业满意度等是一系列影响教师去留、保证教师积极专业行为的密切关联的因素。其中，教师的专业态度与动机是两个核心因素，其他的因素一般都要通过这两个因素来影响教师的专业发展。

　　美国学者凯尔卡特曼通过"专业自我"这一概念来说明教师的专业态度与动机问题。他认为，自我是一个复杂、多维、动态的表现体系，是人和环境之间长期相互作用的结果，它不仅影响着人们感受具体情景的方式，也影响着人们日常行为的方式。

　　我国学者朱小曼教授则强调了教师的自我效能感是教师专业化成长的内涵之一。一名教师对自己的教育教学是否具有自信，是否相信自己能够实现教育教学目的，其教育质量和教育效力如何，其心境是否平稳，情绪状况如何，对自己是否具有起码的自信，这些内容都属于教师的自我效能感的范畴。

　　以上内容都包含于教师的专业态度与动机系统之内，它们或者推动教师的专业发展，或者阻碍教师的专业发展，因此成为教师专业发展的重要内容之一。

## 幼儿园的课程

　　幼儿园教育课程的编排由领域范围与年间活动构成，课程内容相互融合，无明确的科目区分。

　　1. 健康

　　包括活泼、轻松愉快地成长，体会充实感；充分地活动自己的身体，循序渐进地活动；养成健康、安全的生活习惯及生活态度。

　　2. 人际关系

　　包括享受愉快的幼儿园生活，体会通过自己的力量达到目的的充实感；与周围的人的相互交往中培养对他人的爱与信赖感；养成社会生活中良好的习惯及态度。

　　3. 环境

　　包括培养与周围环境的亲近感，并在与自然的接触中培养对各种事物、现象的兴趣与关心；在周围环境与自身的关联中，进行发现与思考，并将其应用在实际生活中；对周围事象进行考察、思考、学习，丰富对事物性质、数量、文字等的感觉。

**4. 语言**

包括使儿童体会用语言表达自己的心情时的快乐；学会倾听别人的语言及谈话，尽量说出自己所经历的、所思考的事，体会相互交流的乐趣；在理解日常生活所必需的语言的同时，多接触连环画与故事书等，并要经常与老师、小朋友相互交流。

**5. 表达**

包括培养对各种美好事物丰富的感受力；用自己的话表达自己所感受到、思考到的东西，并体会其中的乐趣；培养对生活的形象思维，并感受各种不同的表达方式。

**3. 师格是师德之心**

心理学理解的人格即个性，伦理学理解的人格，是个体稳定的道德面貌，即道德人格。教师人格的核心是为人师表，因此师格表现为公正、仁慈和义务。教育工作者应该重视思想的不断成熟与提升，作为教师，应加强自身的形象塑造，为人师表要树三观：身心健康的教育观，心理尊重的学生观，终身教育的发展观。

过去，很多教师把教育理解为阶段性的，因而在教育中一味地强调灌输知识，认为给孩子知识就是对孩子的爱。如果一个教师把教育看成是全人生的，把未来社会理解为一个终身学习的社会，那么情感的培养和人格的塑造就将重于知识的学习而成为教育的主题。为此，日本教育专家冈本熏在其所著的《太阳升起的地方》一文中对日本的教育做过深刻的反思，认为日本的"升学教育"过于强调知识学习而忽视了情感教育。

再如，过去我们习惯于把课程看作是基于一定的学科领域，按照既定的教学大纲，实施具体的教学意图的一个过程，但现在人们更多地把课程理解为学生的学习经历，因此课程具有多种模式，它既可以是阶段性的按部就班的学习模式，也可以是一种"登山型"的模式，更加强调学生在学习过程中的能动性和个体差异性。

总之，教师具有的师格反映的是教师对教育、学生及学习等的看法及态度，它指导着教师的教育教学行为，统摄着教师专业结构的其他方面。教师在教育理念方面的健康发展，是教师专业发展的重要的也是深层次的发展维度。

**4. 能力是师德之手**

教师的专业能力是教师专业结构中的一个重要组成部分，对此，学者们也进行了大量的研究，并提出了一些有代表性的观点。如邵瑞珍等学者认为，教师的专业能力应包括思维条理性、逻辑性、口头表达能力与组织教学能力；曾庆捷认为教师应具有信息的组织与转化能力、信息的传递能力、运用多种教学手段的能力、接受信息的能力；孟育群认为，教师的专业能力包括认识能力（思维的逻辑性、思维的创造性）、设计能力、传播能力（语言表达能力、非语言表达能力、运用现代教育技术的能力）、组织能力、交往能力；罗树华、李洪珍认为，教师应具有基础能力（智力能力、表达能力、审美能力）、职业能力（教育能力、班级管理能力、教学能力）、自我完善能力、自学能力等。

我们认为，在当前的信息化与全球化国际背景下，教师还需加强以下4方面能力的提升，即创新能力、终身学习能力、教育研究能力和文化判断能力。

（1）教师的创新能力　随着国际化、信息化、全球化的发展，教育被置于社会的核心位置，教师必然被要求具有创新能力。这首先是因为教育的强制性与义务性向教育的主动性与权力观的转变，要求教师的工作方式必须抛弃强制的方法、灌输的形式。其次，世界教育在 21 世纪都面临着重大的改革，正如国际 21 世纪教育委员会所指出的，"没有教师的协助及其积极参与，任何改革都不能成功"。为此，教师的创新能力要求日益凸显。

基础教育课程改革于 2001 年 9 月正式启动实验，这对于教师的劳动意味着什么呢？"仅就课堂中教与学的活动方式来说，就要由从前的以知识传授为重点转变到以学生的发展为中心上来。"这种转变使教师的课程环境发生很大的变化。传统课程的教学具有确定性特征：统一的内容、统一的考试、统一的教材和教参、统一的标准。这种教学是一种机械性的，教师只依赖教科书和参考书教学。因此，教师没有独立性，也没有创造性劳动的时空条件。而新课程具有不确定性：知识、能力、态度、情感、价值观的多元取向，不用统一的规格、标准评价学生。综合性课程、校本课程、地方课程，活动课程、探究性教学，为教师在教学内容与方法方面提供了广阔的创造性劳动空间，使教师具有较大的自主性。新课程教学的多样性、变动性也要求教师是个决策者，而不再是一个执行者。由此可以说，新课程给教师提供了创造性劳动的广阔空间。教师的创新意识、创新能力对于课程的成功实施至关重要。不仅如此，教师是否具有创新能力对于适应社会与教育的未来发展、培养创新型人才永远都是意义重大的。

（2）教师的终身学习能力　加拿大学者迈克·富兰提出这样一个观点：如果没有学习的学生，就不可能有一个学习的社会；而如果没有学习的教师，就不可能有学习的学生。因此，终身学习社会的形成，教师起着很关键的作用，为此，教师必须做终身学习的典范。

然而，目前教师队伍的状况是，部分教师仍缺乏学习的机会和条件，很多教师也没有继续学习的需求和渴望。在相当一部分教师中存在着"四多四少"即：闲余时间多，读书时间少；地摊文字读得多，贴近教学的书籍读得少；一知半解的知识多，系统书籍读得少；实践经验多，理论功底少（浅）的现象。师范教育制度使教师形成了这样一种观念：接受了师范教育，获得了教师职业，就不必再受教育了，学习不再是与自己相关的事了。因为师范教育是完成式、终结性的教育；而教师职业也是终身性的，铁饭碗式的。

伴随"终身教育"思想的诞生还出现了"教师教育"概念，教师的在职教育得到了重视。但"教师教育"概念从其提法上，因"教育"一词的使用，人们对其的理解很难从"教师培训"转向"教师学习"上来。教师教育的实施，其思维方式是以教师改造为目的的教师培训方式而非以教师发展为目的的教师学习方式。教师培训观下的教师教育，教师是被强制学习的，处于被动消极状态。教师学习观下的教师教育，教师应该是自主的学习，因此应该是主动积极的状态。教师培训是从教师个体之外在的目的出发的，教师的学习只是外在目的之手段和工具，而不是目的本身。如前面提到的迈克·富兰的关于教师学习重要性的表述上，我们可以看到教师学习对于形成学习社会，对于学生的重要，但并不能看到学习对教师本身的意义和重要性。往往教师的教育、培训都习惯于从提高教育质量角度去提出，而很少提到是为了教师本身，从这样一种外在目的出发，教师教育就成了一种为达到外在目的而实施的对教师的改造。教师习惯于这样的培训，似乎学习是为了别人而不是为了自己，因此，在学习中常常抱以应付的态度。

改变这种局面的办法就是教师要认识到：在新的时代背景下，不学习就难以生存；还要使教师形成这样一种观念：终身学习是教师职业人的生存权利。为此，教师需要具备终身学习的能力与意愿。

（3）教师的教育研究能力　知识经济时代迫切要求教师由知识传递者转变为教育实践研究者，知识经济时代的到来，必将使人类极大地依赖于知识的创新，而要获得知识创新的能力只有通过教育。由于教育与知识创新的密切联系，就使得教育成为社会关注的焦点，面临着深刻的历史性变革。这种变化体现在教师身上，就是教师不仅仅是传统教育中的知识传授者，而且要全面地培养学生的素质，特别是他们的创新意识与能力。为此，教师要探讨育人规律、反思自身的教育实践而成为教育的研究者，教师不再是教书匠，而是向学者型、研究型、专家型的教师发展。

新世纪的教育职业要求教师成为学者型教师，即教师除了具备专门学科的知识和技能以外，还应具有深厚的教育理论修养、广阔的教育前沿视野、敏感的教育问题意识和过硬的教育科研能力。教师必须在长期的教学实践中，不断探索和解决教学问题，致力于科研能力的培养和提高，才可能具备学者型教师的素质。

此外，教师拥有丰富的研究机会，最佳的研究位置，这为教师成为研究者提供了可能。教师最主要的活动场所是教室，教师可以通过一个科学研究过程来系统地解决课堂中遇到的问题，这使教师拥有了研究机会。不仅如此，教师还需具备教育研究的能力。实践表明，教师有能力对自己的教育行为加以反思与研究，提出切合实际的改进建议。因为由教师来研究改进自己的专业工作乃是最直接最适宜的方式。

（4）教师的文化批判能力　随着计算机的普及和网络技术的发展，我们正被无穷无尽的网络信息包围着。许多人面对这琳琅满目、无穷无尽的网络信息都已感到头晕眼花、无所适从。面对这无际的信息海洋，尼葛洛庞帝提出：人们不可能也没有必要掌握所有的信息，而应该掌握的是"关于信息的信息"，即对信息的判断能力和选择能力。帮助学生选择健康的文化将是教师的重要任务，因此教师必须有较强的文化判断能力。

亨廷顿 1993 年发表的"文明冲突"观点明确提出，西方应联络其他文明形态来遏制儒家文化。在 21 世纪，西方社会不会放弃他们的文化侵略政策。他们会借助文化贸易，借助大众传媒，尤其借助网络来宣扬他们的文化价值观和思维方式，并对我国文化进行渗透和侵入。面对西方的文化渗透和侵略，最容易受影响的是那些未成熟、辨别力差、可塑性强的学生。他们好奇、喜欢刺激，喜欢新鲜，很容易成为西方不健康文化的俘虏。在这场文化斗争中，如果教师自己没有敏锐而正确的文化判断力，不能辨别网络中各种文化真假、善恶，不能对学生的文化意识进行引导，那么我们肯定会处于劣势。总而言之，要保持我们的民族文化传统，要保证我们不受西方文化的侵略，不受西方殖民义化和颓废文化的影响，要使我们的学生在健康的文化氛围中成长，教师必须有较强的文化判断力。

但是，由于长期的应试教育造成对人文教育有所忽视，使脱胎于这种教育模式的教师的人文素养不高，所以现在的教师普遍存在文化判断力不强的状况，不仅对西方文化认识不清，而且对本民族的文化也缺乏深入的了解和研究。文化判断力不强带来的后果是，当学生在接触各种文化的时候，得不到老师的正确指导。正由于学生得不到指导，所以在生活中常常可以发现有些学生把一些不健康的文化作为时尚。要提高学生的文化判断力，首先就应该提高教师的文化判断力。教师文化判断力的培养有赖于教师拥有广博的知识，因为教师只有广博的知识基础，才能对纷乱复杂的文化进行鉴别，才能分清其优劣、善恶。因此教师首先要多读书，尤其要多读我国优秀的文学作品。其次，教师要树立起正确的价值取向。价值取向是文化的核心内容，它对人的思想、态度、行为倾向都有统领作用和整合作用，教师应树立起为社会主义建设培养"四有人才"的价值取向。另外，教师还要努力成为一个文化的研究者，认真研究中西文化，了解我国和西方的文化史和文化政策，并对中西文化有较强的理解力。这样，教师在指导学生时才能得心应手。

### 师德内涵的新阐释

现代师德是一个由教师能力、人格、价值观3个维度构成的综合体，其核心内涵是服务。在通常情况下，表现为以人为本、时代精神、平等合作、为人师表4个关键用语。

1个核心：服务。现代师德的核心是服务，集中表现为为提高学生素质服务。包括：强化学生的主体意识，做学生成长的引路人，为促进学生发展创造环境，严格要求学生。

3个维度：能力、人格、价值观。①能力是基础。现代师德必须具备创造性接受新事物、新思想、新观念的学习能力，吸收世界文化精华，继承民族文化传统的传承能力，把握社会发展方向的创新能力。②人格是动力。健全的教师人格是师德的根本，崇高的教师品质是师德的灵魂。现代教师必须强调独立自主性和民主利他性这两个人格特点。③价值观是方向。师德在促进教师知、情、意、行诸因素和谐发展，舍弃旧传统、弘扬新道德的过程中，其必备的价值取向不能丧失，如科学精神、人文意识、奉献品质、创新观念。

4个关键词：以人为本、时代精神、平等合作、为人师表。以人为本就是以鼓励人的自主发展为主旨，以爱为核心，以理解人、尊重人、信任人为取向；解放思想、实事求是、与时俱进、开拓创新的时代精神，是教师充满生机与活力的源泉；现代教师观非常强调平等与合作的理念，平等是对尊严的要求，合作是发展的基础；为人师表即是教师必须在自己的道德、情操、品行和作风等方面给学生做出榜样，起表率作用。

## 第三节　我国教师专业化的发展历程

### 一、我国教师专业化发展的现状

目前，我国现有一千多万中小学教师及一百万幼儿教师，是国内最大的一个专业团体，承担着世界上最大规模的中、小学生和幼儿教育。尽管我国教师的教育教学活动已经在一定程度上达到了专业化标准的要求，但是与发达国家相比，教师专业化程度尚有不少差距，存在着诸如学历层次偏低（据统计，至1998年底，初中教师达到大专程度的为83.4%，普通高中教师达到本科程度的为63.49%，职业高中教师达到本科程度的为37.41%。特别是幼儿教师，几乎全都是中专教育，仅有极少数的师大教育系有学前专业。不仅如此，现有的所谓学历达标教师中，又有相当一部分教师的学历并非通过正规、严格的师范教育获得，而是通过接受各种学历补偿性教育的途径获得），职业行为、职业道德、专业精神与专业的要求相差较远，教师职业的社会地位仍然偏低，现行的教师培养制度与教师专业化的要求比起来明显滞后等问题，专业化程度仍处于较低的水平。随着基础教育改革的不断深化，我国的教师质量与全面实施素质教育要求的差距日益明显，因此，改革与发展教师教育，促进教师的专业化进程势在必行。

尽管教师专业化在我国得到相对重视，但在付诸实践的过程中，仍然碰到了不少障碍。这主要表现在观念层面，制度层面和培养层面等几个方面。

1. 在观念层面树立教师专业化新理念

提高教师的专业化水平，首先要提高对教师专业化的认识。我们不仅要从教师专业性事实的角度去认识教师队伍的专业化问题，而且要从社会发展、文化进步的高度去看待教育，看待教师的专业化问题，应当采取切实措施加大对教师专业化重要性的宣传力度，让更多的人认识到这一事业的重要性。我国在教师专业化问题上，观念层面的障碍主要体现在两个方面，一是教师是不是专业人员，教师可不可以替代；二是未来教师角色的转换问题。

教师专业化的观念已成为社会的共识，我国的研究者在教师专业化问题上，也进行了积极探索。研究结果表明，教师职业从社会功能层面、专业发展制度层面和专业组织层面，与其他专业相比，还存在一定的距离，还不是严格意义上的专业。但研究者都对教师专业化持积极的态度，认为继续提高教师的专业性，并使这一职业发展成为普遍认可的专业，是提高教师地位和职业素养的科学渠道。要纠正"只要有知识就能当好教师""教师培养成本低，教师培养不需要专门渠道、特别措施"等错误观念，改变教师职业具有一定替代性或是准专业的糊涂看法。要使人们明确，教师劳动不同于一般的劳动，教师工作要求教育工作者既是学科知识方面的专家又是学科教学和教育知识方面的专家，教师必须经过专门训练，要树立教师是一个专门职业、具有不可替代性的新理念。

钟启泉认为，教师角色的转变，亦即教师的"传道、授业、解惑"在现代应该是从单纯"道德说教"转变为"确立人格楷模"，从"灌输现成知识"转变为"共同建构知识"，从"提供标准答案"转变为"共同寻求新知"。教育者本人应树立强烈的教师专业化的教育理念，不仅视自己为新型的知识传授者，而且要视自己为教学过程中的促进者、研究者、改革者与决策者。

2. 在制度层面完善教师教育制度，建立制度保障体系

教师专业化不仅是一种观念，更是一种制度，必须建立完善的教师教育制度作为保证。我国新近实行的教师资格证书制度，不但是提高教师专业化的政策导向，更是教师专业化进程中最重要的成果和最有力的保证。不过，目前教师资格证书制度还缺乏科学的鉴定，操作过程还不规范。另外，在教师教育课程鉴定制度、教师教育水平等级评估制度等方面，也要逐步加强和完善。

为建立健全教师专业的制度保障体系，一方面，从教师教育专业化水平上看，需要建立质量保证体系，即建立教师资格证书，制定教师资格认证和确立教师资格认证考试制度，以专业资格证书制度代替学历教育等，使教学专业水平得到保障。另一方面，需要健全完善的管理和法律制度保证，随着社会和教育的发展，我国在制度层面还需逐步加强和完善，以促进教师教育专业化的发展。

知识库

### 国际教师"专业化"的漫长奋争过程

如果说美国教师"专业化"的观念与制度的确立经历了整整1个世纪，那么，日本也是如此。从战前绝对效忠天皇的"圣职论"，战后维护教师权益的"劳动者论"，到20世

纪70年代以来得到教育界公认的"专业职责论"，日本教师专业化概念从无到有的发展也经历了1个多世纪。在日本，从"专业化"观念的确立到制度的落实，又经历了20年的岁月。

一般认为，1997年日本教员养成审议会的审议报告就是教师"专业化"观念在教育制度上的体现。这个文件突出了作为现代教师的使命感：保障学生的学习权。教师作为学生学习的指导者与建议者，只有立足于保障学生的学习权与发展权的视点，才具有价值。就是说，教师专业成长的基础在于学生的权利——发展，学生不是教师专业属性的附属物。

该文件还突出了造就现代"教师能力"的若干要点：作为教育者的使命感；深刻理解学生的成长、发展；对于儿童爱的教育；关于学科的专业知识；广泛丰富的教养；以及顺应种种教学方式的能力，适应个性差异的能力，从实践中学会教学的能力。

3. 在培养层面专业化为导向，深化教师培养制度改革

传统的"师范教育"观念的局限性在于，片面强调教师的定向和计划培养，缺乏开放和竞争；过分突出教师的职前教育而忽略教师的职后教育和终身教育。也就是说，现行的教师培养制度与教师专业化的要求比起来明显滞后。维持现状，就是维持落后，改革现行教师培养制度势在必行。

教师教育有3个阶段：高等教育阶段，接受普通高等教育，打下扎实的科学文化知识基础；教师专业培训，即职前教育，学习教师必备的教育学、心理学、教育方法等知识，以及从事教育工作的学科知识以及教育实习；在职培训，即职后教育。教师要传授新的知识，必须不断更新知识结构，这就要不断学习，接受终身教育。因此，必须实现由"师范教育"到"教师教育"观念的更新。

另外，我国师范院校的课程设置存在着知识体系陈旧，教育类课程门类贫乏，所占比重远低于发达国家的问题。教师教育的专业性不够明显，主要仿照综合性大学的课程模式建立，有师范教育之名，无师范教育之实。尽管不同的学者对教师教育专业课程的基本构成有不同的见解，但基本的方面是一致的，即一个教师需要掌握普通文化知识、学科专业知识，教师教育课程的基本结构大致上是由普通文化课程、学科专业课程、教育学科课程、教育技能课程和教育技术课程所构成，这5个方面的课程是必须开设的。确定以上5个方面的课程各自在整个课程结构中的比重是非常重要的，参照20世纪70年代末国际劳工组织和联合国教科文组织对70多个国家教师教育的情况所作调查的综合结果，我国的教师教育课程结构的比重可以设计如下：一般文化课程占20%，学科专业课程40%，教育学科课程20%，教育技能课程10%，教育实践课程10%，这样可以保证教师教育的双专业性质。

小锦囊

**教师专业化的目标**

教师群体专业化的主要目标：
（1）教师任职有规定的学历标准；
（2）具有双专业性（学科专业和教育专业）；
（3）有公认的职业道德标准和行为规范；
（4）有专门学习机构、专门内容和措施；
（5）有资格认定制度和管理制度；
（6）成立自治组织机构对教师个体进行监控。

## 二、教师发展模式的转变

教师教育一体化，建立开放的教师教育体系，改革教师教育课程和走向专业发展的教师继续教育，这是世界教师教育改革的趋势，也是我国提高教师专业化水平，教师教育改革与发展的方向。

### 1. 改传统师范教育为开放式教师教育模式

自从中共中央、国务院《关于深化教育改革，全面推进素质教育的决定》提出"鼓励综合性高校和非师范类高等学校参与培养、培训中小学教师的工作，探索在有条件的综合性高等学校中试办师范学院"，越来越多的综合性高校对举办教师教育进行了积极的探索和研究，教师教育的开放已是大势所趋。我国在坚持以师范院校为教师培养主体的同时，积极倡导综合性大学参与教师的培养、培训工作，以形成开放性、多样化的教师教育体系。也就是说，过去是师范院校之间竞争，今后师范院校还要与综合大学及其他院校竞争。但正如中国教育学会名誉会长顾明远教授所说，开放的实质不是教师教育的转型，而是教师教育质量的提高。因此，教师教育机构的认可制度和评估制度的建立与完善，是下一步应重点解决的问题之一。

### 2. 加强认可与评估制度，规范教师教育市场

鉴于教师教育对一个国家发展的重要作用，必须建立一套科学公正的准入和淘汰机制，引导高校之间开展良性竞争，确保教师教育机构的办学水平和师资培养质量，这是已为发达国家教师教育发展所证明的经验。在市场经济条件下，伴随着师资培养的日益"开放"，越来越多的高等教育机构都会主动参与到教师教育市场中来。但鉴于教师教育对一个国家发展的重要作用，教师教育市场又不是可以完全"放开"的。在此种情况下，国家必须建立起完善的教师教育机构的认可和评估制度，对教师教育机构和师资培养课程进行鉴定与认可，只有通过鉴定和认可的高等学校机构才可以参与师资培养，以此来加大对教师教育机构的统筹规划和分类指导。有鉴于此，我们应建立起全国性与地方性的对教师教育机构进行认可和评估的中介机构，制定科学的评价程序和评价标准，通过充分的论证和评价，对包括综合性高等学校在内的所有教师教育机构进行严格的资格认定。

### 3. 构建教师教育一体化体系

单靠职前的一次性终结型的师范教育是不够的，教师的专业发展应贯穿于教师职前培养与职后进修的全过程，因此一体化的教师教育体系是实现教师终身专业发展的必然要求。一体化的教师教育应该包括3层含义：一是职前培养、入职教育、职后提高的一体化，即学历教育与非学历教育的一体化；二是中小幼教师教育一体化；三是教学研究与教学实践的一体化，即师范大学与中小学的伙伴关系。教师教育应该是涵盖了职前、职后教育在内的一体化教育，教师的专业发展也应贯穿于教师职前培养与职后进修的全过程，一体化的教师教育体系把教师的职前教育与在职教育连成一个整体，从而为教师不断提高专业素质，促进其专业化提供了制度条件与物质条件。

### 4. 建立健全教师资格证书制度

教师资格证书制度是国家对教师实行的特定的职业准入制度，教师教育专业化程度的提高有赖于作为专业化保障手段的教师资格证书制度的完善。许多国家在创建教师教育制度的同时或稍后，即建立了教师考核或资格证书制度，成为教师教育制度整体中的有机组成部分

和提高教育教学质量的有力措施。在我国，1995 年颁布《教师资格条例》，2000 年教育部颁布《〈教师资格条例〉实施办法》，开始在全国全面实施教师资格证书制度。2001 年 4 月起，国家首次开展全面实施教师资格的认定工作，教师资格证书制度进入实际操作阶段。但是，从目前我国教师资格证书制度的具体情况来看，还存在着一些问题：① 许多地方虽然也开始了教师资格认证工作，但并不严格执行，有的甚至以此为敛财的手段。② 目前教师资格考核的方式并不能全面反映一个教师应具备的素质，存在着简单化的倾向，即重学历，轻能力；重笔试，轻面试。③ 教师资格证书类型较单一，不能反映各个层次和水平的教师的差别。尽管目前在实施教师资格证书制度的过程中，存在着诸多的问题，但我们相信，随着教师资格证书制度的不断完善，这些问题都会得到相应的解决。

5. 改革教师教育的课程与教学

由于教师职业所依据的专业知识具有双重的学科基础，即教师任教科目的学科知识和教育的学科知识，这成为教师教育长期争论的问题，即"学术性与师范性"之争。任教学科的学术水平与教育学科的专业素养孰轻孰重？在教师教育与其他专业教育同时进行的时间内，很难既达到同等的学术水平又掌握必备的教育学科知识，而在现实中，师范性往往更容易成为强调学术性的牺牲品，原因是不少人认为，只要掌握学科知识就可以做教师，甚至可以做一个好教师，是否具备教育学科知识则无关紧要。

因此，长期以来，我国的师范教育特别是高师教育存在着重学科专业教育、轻教育专业教育的严重倾向。教育专业的课程不仅量少而且长期缺乏建设，教学质量不理想。我国的师范教育如要真正发挥促进教师专业化的作用，必须做彻底的改革。其一，根据教师的职业发展的需要，重新构建教师教育类课程。既要对原有学科进行内容、体系上的改造，也要增补新的教育类课程，以满足在新的时代背景下教师专业发展方面的需求。其二，引进先进的教学方法。案例教学、微机教学等是西方培养教师专业素养的有效方式，我们应当借鉴，以使师范生的分析问题、解决问题的能力得以提高。其三，延长师范生的教育实践时间。应把原有的师范生的 4~6 周的教育实习时间延长至一学期左右，让师范生有更多的时间和机会训练教学技能、培养批判与反思能力，从而使理论与实践得到有机结合。

6. 提高社会地位，使教师成为优秀人才的首选职业

卡耐基教育经济论坛指出，如果教学职业想要与其他职业在聘用且留住优秀的年轻人才方面竞争，教学工作必须提供能与其他专业相竞争的工资、福利和工作条件。近年来，我国政府非常重视此问题的解决，并采取了一系列的措施。如：大幅度地提高教师的工资，给予教师各种优惠政策，加大舆论宣传，表彰优秀教师，扩大教师在学校管理与教学上的自主权等。尽管如此，我们还需努力使教师职业的专业地位得到进一步的提升，这对于教师不断追求专业发展也是一个动力。

7. 建立教师专业发展学校

正如医科大学需要有临床医院一样，教师教育机构也应有自己的"临床学校"。建立教师专业发展学校被认为是教师实现专业化的重要措施，对于解决理论与实践的脱节问题，促进大学与中小幼教师的合作研究，有效培养培训教师从教的专业知识、技能，进而促进教师的专业发展有着十分重要的意义。

 知识库

### 爱因斯坦论专业教育

爱因斯坦有一段话说的很透彻:"用专业知识教育人是不够的。通过专业教育,他可以成为一个有用的机器,但是不能成为一个和谐发展的人。要使学生对价值有所理解,并且产生强烈的感情,这是基本的。他必须获得对美和道德上的善有鲜明的辨别力。否则,他连同他的专业训练就更像一只受过很好训练的狗,而不像一个和谐发展的人。"这段话用在教师培训和专业发展上也是适用的。

每章一练

1. 职业与专业的区别是什么?
2. 简述教师专业化的基本含义。
3. 专业化教师所应具备的能力是什么?
4. 简述我国教师专业化的发展历程。

# 第三章

## 现代幼儿教师的专业化发展

了解现代幼儿教师的专业化发展倾向，并能够根据需要提高自身素养。

认知：基本了解教师职业科技化、全能化和艺术化的含义。

理解：通过学习掌握相应的有关教师专业化的知识，充分领会本章提出的问题及设想。

运用：能够通过本章的学习不仅清楚理解职业化的含义，并且能够根据需要不断提高自己，向专业化方向发展。

\* \* \* \* \* \* \* \* \* \*

## 第一节　教师科技化

### 一、学会教育科研

1.学前教育科学研究在教学中的功能和作用

首先，是教师的职业理想、职业道德、知识素质和能力个性的综合体现。

幼儿教育的实施者——幼儿教师的学前教育科学研究，是一项基础研究和应用理论研究相结合的研究。它既表现为行为主体对教育环境的主动适应，也表现为行为主体对教育环境的积极影响和改造。对学前教育科学研究，首先要求教师具有教育科研意识。

教育科研意识涵盖3个要素：

（1）教育的信念与热情　使教师成为研究者，让科研为教师积累能量，是全面推进素质教育的迫切需要，也是使幼儿教师向研究型教师发展的需要。这一"进化"将改变幼儿教师仅仅被作为知识传递者和幼儿管理者的职业形象。

（2）教育的知识与经验　学前教育科研意识是幼儿教师的一种心理素质，提高教师素质应该重在培养教师的教育科研意识，包括对教育活动的有意识的追求和探索，重在运用教育科学理论指导教育活动的自觉，对所从事的教育活动的一种清晰而完整的认识等。通过各种方式提高理论素养，进而从教育观念到教学行为都将发生高层次、深层次的变化，使幼儿教师成为"专业型"的教师，即在工作中有自己的研究项目，有自己特色的教育教学经验和方案。

（3）教育的眼光与智慧　科研型教师是指科研兴教的意识强、理论水平高、具有较为完备的科研操作技术的教师。他们在先进教育思想的指导下，以扎实的科研知识为基础，以丰厚的教育理论为武器，运用科学的操作手段，在自己的教育教学工作中实现科学育人的目标。

其次，提高教师的教育策略水平和教育实践能力。

时代的发展日新月异，新时代将充满激烈的竞争和挑战，它需要未来的社会人才具备优良的品德、健康的身心和各种能力。而学龄前的孩子同中小学生一样有其自身发展的规律，所以幼儿教育只有遵循这种规律才能最大可能地发挥教育的功能和作用。

但是在我们的传统教育中，有时太过注重精确的计划、一丝不苟的照本宣科式的教学，只重视对教材的研究，缺少对孩子的分析，以及缺少对教学资源的灵活把握和运用，只懂"是什么？""怎么做？"却不懂"为什么？"幼儿园作为基础教育的有机组成部分，担负着促进幼儿全面发展的重任。今天的幼儿教育如何培养社会所需要的人才，教师必须有着正确的儿童发展观和教育观。开展教育研究，可以让教师更直观、准确、科学地了解孩子的发展，让教师了解"为什么"，在此基础上，再决定"怎么做"，真正做到"知行合一"，常有这样的事发生：一些教师到别的幼儿园观摩，看到一些新鲜做法后，急于模仿和求成，太注重结果，往往最后得不偿失。

最后，提高教师对自己职业的认同感。

（1）承担革新教育思想　关于教师成为研究者这一点，美国学者伯金翰姆曾提出，这样做"不仅将推进教学技术，并将使教师的工作具有生命力和尊严。"自20世纪90年代以来，"教师成为研究者"已成为一种具有号召力的新观念广为传播，许多国家开展了广泛的教师研究工作，在国外它已经成为一个蓬勃发展的研究领域，成为教师专业化建设中的一项重要工程。而国内同类研究则刚刚起步。皮亚盖特倡导教师参与教育科研，"把教育学建设成为既是科学的又是生动的学问"。

（2）建构新的教育理念和教育文化　作为本身已经是一个高文化层次的职业人群的教师，有人也许会问为什么还要做教育研究、教育研究能干什么。一些教育理论研究工作者，也习惯性地将教育理论研究的职责定位在满足对策性研究层次上。

传统观念认为，幼儿园是一个小的基层教育单位，教师每天和孩子打交道，只要保证他们的安全，按部就班地组织教学，做好一日生活的管理，就可以了，还需要开展教育研究干什么？这是部分教师所持有的观念。殊不知，同样的教学，同样的生活管理，有的教师组织的活动幼儿积极参与、身心愉悦，而有的教师组织的活动幼儿却情绪低沉，目光呆滞，这就需要我们来开展教育研究，研究幼儿，研究教材，研究教学方法，研究师生关系等等。

而且，教育理论研究活动，不仅承担着为现实的教育发展提供革新思路和方案的使命，教育理论研究除了具有直接的满足教育现实需要的意义外，还具有显著的教育文化和社会文化创造意义，具有对教育进步和发展更系统、更基础、更深刻、更持久、更理性的促进作用。

（3）推动整个社会文化进步的使命　这种影响一方面通过社会各种媒体的传播和各种教育要求的作用，逐步地内化和渗透于人们的思想和意识之中，形成人们在教育问题上的共识，从而通过人们的言行、习惯、传统，沉淀为具有更新意义的教育文化；另一方面通过教育实践中的教育制度内容的更新和完善、教育思想的进步和发展、教育方针的修正和更替等行为表现出来，使新的教育文化逐步地生成和扎根。

教育科研成果一旦转变为政府的教育政策，并以制度的形式固定下来，就可使文化的创新成为现实，对社会文明的进步产生推动作用。教育史的进程也证明了这一点。

2. 开展科研教育应从课题开始

教育研究的课题非常重要，它是教育研究的起点，选择了一个好的课题，就等于找到了改进自身工作的突破口和进一步提高工作质量的切入点。

爱因斯坦说过："提出一个问题往往比解决一个问题更重要。"课题，是开展科研工作的一个重要环节，也是开展科研的初始步骤。课题就是确定研究的对象和目标。教师应结合自身的实际情况，量力而行，以选择半年到一年的课题研究为好。课题往往是和幼儿园整体的教科研相关的，教师的课题可以是幼儿园课题中的子课题。另外，课题选择要从小课题入手，比如研究过的带有探索性的课题或比较个性一点但与教学紧密相连的课题。

因为解决问题也许仅仅是一个教学上的或实践上的技能而已，而提出新问题，就意味着有新的可能性，并从新的角度看待旧的问题，需要有创造性的想像力。具体来说，课题可以从以下 3 个方面着手：

（1）从小课题入手　课题大小不是我们一般理解的研究对象的大小。课题的大小是就它的研究范围而言的。课题具体可使研究的问题明确，一般来讲，范围越大，难度越大。课题小而具体，是保证教育研究取得实效的一个重要前提。

幼儿园教师研究大的课题会感到力不从心，困难重重，幼儿园教育研究的课题尽量要小而具体，易于激发教师的自信心，使他们在研究过程中和运用研究成果的过程中体验到成功的快乐。如"让小班幼儿尽快适应幼儿园生活的研究"很明显地看出研究的重点是探索让小班幼儿适应幼儿园生活可采取的措施和途径。这样的研究是幼儿园教师主客观条件能够达到并提供保证的，具有实用性，有助于教育过程的改进。

（2）选择与幼儿教育实践紧密联系的课题　幼儿教育研究主要为应用性研究，也就是实践性研究。这就是运用基础理论的成果，探寻新的教育途径和教育策略，研究要与幼儿园的实际工作紧密相连。如某一幼儿园在学期末对幼儿的测定中发现全园各年龄班幼儿的看图讲述能力较弱，各班教师也反映看图讲述难以组织，幼儿对此活动不感兴趣。针对这一情况，全园成立专题研究小组，研究讲述的各种因素，对看图讲述的目标重新思考，重新定位，经过一段时间的研究和实践，该园幼儿在讲述活动中的兴趣和讲述能力都得到提高。这样的研究从本园实际需要出发，贴近幼儿园教育实际，无疑会给幼儿园的教育工作提供更多的帮助。

（3）选择与幼儿园研究条件相适宜的课题　一个课题并不是研究者随心所欲就可以确定的，教师在确定课题时，要选择有条件进行研究的课题，而不能盲目地从热情出发选择研究问题。一般来说，幼儿园教师的实践经验丰富，教育技能较娴熟，更适宜选择实践性强的课题进行研究，避免大的课题和理论性的课题。

教育研究不仅需要有科研意识，还要有实事求是的态度。教师要选择熟悉的人和事进行研究，这样才能做到得心应手。如"关于幼儿园课程与游戏的研究"这样的课题，对研究者知识和能力有较高的要求，显然就不太合适，而"培养小班幼儿对美术活动的兴趣"的课题就可以发挥幼儿教师的能力优势和职业优势了。

教师在确定研究课题之前，应先对相关项目做一个实践调研。这样，就可以对自己的选题有一个大概的可行性了解。

研究课题确立之后，就要制定研究计划。计划是研究中的实际操作活动，主要有情况分析、工具选择、数据收集、活动设计等内容。然后是实施计划，按计划有步骤地进行实施，在此过程中注意观察分析幼儿的状况，做好各类记录，同时要注意资料的收集，并根据情况随时调整研究计划。一般来说，教师凭着丰富的实践经验和广阔的教育空间，刻苦学习，在科研理论和方法的指导下，一定能开展教育研究。

教育研究人人都可以参加，并不是令人望而生畏、高不可攀的。幼儿教师是一线工作人员，是教育科研的主体，也是教育科研的体验者和实施者，具有理论与实践相结合的优势，应当通过实践探索，进一步提高教科研素养，使这一优势得到充分发挥。为幼儿园科研工作的进步不断添砖加瓦。

## 幼儿园的设计规划的地点选择

地点选择应满足下列要求：

1. 应远离各种污染源，并满足有关卫生防护标准的要求。
2. 方便家长接送，避免交通干扰。
3. 日照充足，场地干燥，排水通畅，环境优美。
4. 能为建筑功能分区、出入口、室外游戏场地的布置提供必要条件。

## 二、学会运用多媒体教学

1. 运用多媒体教学的历史意义

新的世纪已经到来，知识经济初露端倪。我们能否占领现代化、信息化的高地，决定着中华民族的兴衰成败。

幼儿是祖国的花朵，是初升的朝阳。今天幼儿园中的孩子，将来必然是国家的希望，他们从小能不能对信息技术产生亲近感，从小能不能掌握一定的计算机能力，取决于幼儿教师在这方面的素养和能力。

但是受传统教育的影响，幼儿教师多媒体教学中真正比较精通多媒体教学技术的教师尚属凤毛麟角。现在的幼儿园中普遍存在着这样的问题：幼儿教师坐而论道，给孩子讲电脑知识，而自己根本不懂多媒体教学技术。这种现象的造成是由于现在工作中的幼儿教师在上学时，当时的计算机教学几乎尚未得到普遍重视。即使学习了现代教育技术，也是些投影之类的常规电教手段。

2. 多媒体教学的基本概念

20世纪80年代，在瑞士召开的世界教育应用计算机会议把编制计算机程序的能力称为"第二文化"。

时代的发展呼唤幼儿教师不断更新自己的知识，而有关计算机的知识和教学应用能力则更亟待加强。随着科技的不断进步和广泛运用，多媒体教学已经越来越深入地走进了我们的课堂，成为了教师在日常教学中的好帮手。所以我们的幼儿教师要与时俱进，跟上时代的步伐，不断地给自己充电，否则将被视为不称职的老师，最后将会在激烈的竞争中被时代所淘汰。

虽然现在对教师有现代教育技术考核的要求，但作为教师的我们不能满足于通过考核，而要不断地提升自己对各种教学手段的掌握和了解，还要进一步学习课件制作的技术，如Powerpoint、Authorware、Director等。更要在平常的教学实践中不断运用，用直观的教学理念教育孩子。在做中学，就会不断地提高。想要在工作中不断进步，当然须下一番工夫，而且要变外在的压力为自身内在的需求。

3.多媒体教学的优点

●使用方便、易于操作；

●多重感官刺激；

●信息传输质量高，应用范围广；

●交互性能强；

●传输信息量大、速度快。

信息技术为教育的新飞跃提供了平台，也对教师素质提出了根本挑战，信息技术呼唤新世纪的幼儿教师，只要肯努力，肯投入，相信每一位教师都能成为新时代的高科技教师。

**教师个体专业化的主要目标**

1.承担起为他人提供教育服务的责任和义务；

2.掌握某种学术和理论；

3.具有熟练的教学实践技能；

4.能恰当应对不确定的教学情境；

5.在教学实践活动中产生自我专业发展的需要；

6.接受专门机构或团体监控教学质量和自我发展。

### 三、时代呼唤高科技教师

1.运用高科技是时代的要求

现代信息技术在教育中的运用必将引发一场现代教育技术的革命，现代教育技术运用得好坏，直接关系到各国教育的发展水平的快慢。前教育部部长陈至立在《应用现代教育技术，推动教育教学改革》的文章中强调指出："要深刻认识现代教育技术在教育教学中的重要地位及其应用的必要性和紧迫性，充分认识应用现代教育技术是现代科学技术和社会发展对教育的要求，是改革的发展和需要。"

随着时代的不断变化，对幼儿教师的要求也在不断变化，所以幼儿教师必须抛弃传统教育中的一些陋习，促使自己富有创新精神和实践能力，积极运用现代教育技术和创设教育环境。"因材施教""因性（别）施教"的目的都能得到更好的体现。孩子可依据自己的能力选择软件的难易程度，逐步学习，逐步提高。所有这些都对教师提出新的挑战。事实上，目前相当多的幼儿园离信息化的要求还很遥远，胜任教育信息化的幼儿教师还相当缺乏。教育信息技术为幼儿园教育教学提供了前所未有的新天地。现代电子教材画面色彩鲜艳，形象直观，富有动感，受到孩子们的喜爱；计算机辅助教学是一种真正的交互式学习，能够充分体现"让幼儿主动学习"的目的,因此,把孩子领进计算机教室,孩子那种专注的程度,主动参与、主动学习、主动探索的精神是其他传统教学手段所达不到的。

2.现代教育技术的几种方式

(1)要掌握新型的阅读与写作方法。

作为一个新时代的幼儿教师,必须掌握这种高效率检索式阅读方法——超文本阅读,它可以使教师在最短的时间内获取到最重要的信息,从而使教师的学习和备课发生巨大的变革。这给教学改革,尤其是备课带来了极大的便利。教师可以在备课时,很方便地将互联网上的材料抓到自己的电子教案中。不论是电子出版物,还是网上资源,知识点之间的链接不再是线性的,而是网状的,并以超文本的方式呈现给读者,可以有多种连接组合方式与检索方式,进行随机交互式访问,而且多路径的性质使得教师能够快捷、方便地获得大量的有用信息。此外,教师要学会利用电脑键盘、鼠标、扫描仪和语言录入等手段,这是跨世纪教师必备的素质。随着超媒体电子读物的日益发展和壮大,由四通八达的信息高速公路建立起来的全球巨型资料信息网的逐渐形成,教师根据自身需要所能调阅的资料将极大丰富。由于这种调阅是交互式的,可任意下载和截取自己所需的材料,并重新组织成新的信息资源,因而实现了阅读与写作的一体化。

(2)要掌握互联网的使用技术。

教师通过网络可以方便地选修自己需要进修的课程,学习自己感兴趣的知识,还能够根据自己的能力和水平调整适当的学习进度。在以计算机网络为基础构筑的现代教育体系中,幼儿园不仅仅局限在一间间教室内。当然,这一切都必须建立在良好的教学资源系统上,而这个系统是动态的,同样需要现代化教师的建构和维护。如果新型教师不能游刃有余地在网上翱翔,又怎能实现上述功能呢?因为信息时代的网络和工业时代的电一样重要。网络既是他们充电的源泉,又是他们放电的空间。

(3)要掌握多媒体计算机的基本操作技能。

多媒体计算机是信息系统的终端设备,是信息时代人类生存的又一有力的臂膀。信息时代的教育将在师生关系、教学模式、组织形式、教学过程等方面面临全面转型。计算机的操作就像人们现在打电话一样自然轻松,现代化教师运用计算机应该是不假思索的熟练动作。只有这样,才能把自己的教学思想充分地融会到教学过程当中去,使传统教学手段难以实现的教学目标得以实现。

(4)要掌握各种类型电化教育设备的实用技术。

在教育技术变革,新技术、新方法层出不穷的今天,幼儿教师如何成为信息素养高、信息技术过硬的能手,已是一个迫需要考虑的课题。作为众多的教学手段之一,电化教学是训练幼儿动手操作能力的新途径。运用电化教学手段,促进幼儿各种能力的综合发展。幼儿在平时活动中,好动、好模仿,有着极强的表现力。比如幼儿都非常喜爱看"动画片","动画片"声画并茂,视听结合,形象鲜明逼真而富于变化。幼儿通过观看、对比、理解,获得视觉和听觉上的愉悦,也为理解和掌握其内容作了铺垫,从而可以培养幼儿的观察能力。教师需要发挥其优势,做好选材工作,使作品在幼儿情感上产生共鸣,产生身临其境的感受。

信息技术为我们勾勒出幼儿园教育崭新的画面。电教手段对培养幼儿动手操作的能力、自信心和审美能力的作用是不可低估的。利用电教手段可以激发幼儿学习的兴趣,使枯燥的内容变得形象化,从而达到事半功倍的效果。交互式的学习促进了幼儿自主性探索能力的发展，在兴趣盎然的情形下，感受现代教育技术的魅力。教师可利用教师要创设情境，让幼儿主动参与多媒体学习活动，提高口语表达能力和创作能力。教师可利用现有大量的语言、游戏、科学、艺术等领域的活动资料素材库，加以精心设计，利用动画手段，发挥画面语言的作用，激发幼儿探究的兴趣。

电教手段在幼儿语言学习方面也有着得天独厚的优势。大量的软件对开发幼儿的阅读能力、观察能力、理解能力以及分析能力，提高口语表达能力等都有着不可替代的功用。相信在不久的将来，电教手段将会运用得越来越广泛。

## 父母选择幼儿园须知

幼儿园教育是整个教育架构的根基，在孩子的整个学习阶段中起着极为重要的作用。专家表示，在为孩子选择幼儿园时，应考虑以下几点：

1. 招生问题

幼儿园每年都在春季公开招生，招生的范围一般是在幼儿园所在地区的周围。声誉好的幼儿园因受名额限制，并不是让每个参加报名、面试的孩子都能入园的，一般它会优先照顾本系统、本地区的孩子。

2. 报名时间

一般在 6 月份左右，也有些幼儿园会提前到 4、5 月，甚至更早。具体报名时间，每个幼儿园会用在园门前贴海报、通过公众传媒发布广告、投递邮件等形式进行通知，这一时期应多加留意。到了报名之日，即可携带孩子和有关资料来幼儿园报名。

3. 年龄限制

小班孩子的入园年龄应满 3 周岁。因为这个年龄的孩子已具备基本的语言能力和初具独立生活的能力。有些幼儿园设置了小小班，小小班的入园年龄为 2 岁至 2 岁半。

4. 面试录取

审核材料后，幼儿园会派专门的老师对孩子进行面试。面试的内容都非常简单：询问孩子的姓名、年龄、家庭住址、平时喜欢做些什么事等。一般面试时间为 5 至 10 分钟左右，主要目的是测查孩子在智力及认知能力方面的发展水平。父母轻轻松松的态度会使孩子有问有答。让孩子见到陌生人时使用礼貌用语很重要，这样的孩子肯定会给老师留下良好的印象。

5. 录取通知

通过面试后，大约在一个月之内幼儿园会利用传媒或联系父母的办法来公布入园名单。如果父母对入园名单不清楚的话，应及时打电话到幼儿园询问。对于已录取的孩子，幼儿园会另行通知父母带孩子去体检的时间。体检的主要内容是做肝功能化验等，看孩子有无传染性疾病。

## 第二节 教师全能化

**一、做一个"通才"教师**

1.做一个基本功扎实的教师

幼儿教师是一个专业技术岗位，需要特定的能力和技能。能力是一种机能，是以知识技能为基础所形成的人的特定的本领。反过来说，人若有了相应的能力，也能促进知识技能更好地掌握与运用。著名教育家马卡连柯说："教育技巧的必要特征之一就是随机应变的能力。有了这种品质，教师才可能避免刻板的公式，才能估量此时此地的情况特点，从而找到适当的方法并加以正确的运用。"

但是，所有的随机应变都是需要有一个扎实的基本功做基础的。所谓基本功，是指"从事某种工作所必需掌握的基本的知识和技能"。

教师的教学是一项以掌握必备的知识为前提、以一定的能力为保证的创造性的实践活动。对教师所从事的专业实践来说，教学的成败更多地取决于教师的学识水平和教学技能技巧。因此，教师的教学基本功也可以看作是教师从事专业教学必备的、相对稳定的、综合性的教学技能和修养。幼儿教育的特点决定了一名合格的幼儿教师应该是"全能型"的人才，同时也是学有专长的专业工作者。

幼儿教学是一个非常复杂的活动过程，它不但涉及方方面面的知识。而且随时都可能出现意外的情况，这就要求教师必须具备良好的教育机智。所谓教育机智就是把教育的原则性和灵活性巧妙结合，把教育教学技能恰当地发挥运用好，从而取得最佳的教学效果。这其中既有传统专业优势，包括艺术体育和手工劳技等专长方面的要求，同时也有融合现代科技知识、现代教育观念，懂科学、会管理的现代人才素养的标准。

2.专业化教师应该具备一些与专业相关的能力和技能

● 简易性科学实验、计算机及各种电化教学设备的操作能力；简易并适用性软件开发的能力，包括多媒体等现代化教学手段的运用能力。

● 较强的口头和书面表达能力及逻辑思维能力。

● 掌握知识、学会学习的能力，包括信息检索与处理的能力等。

● 观察、分析和评估幼儿身心发展的能力，包括对幼儿评价的原则、方法、技巧的应用能力。

● 选择和创编幼儿园教育活动内容，科学设计、合理实施并评价各类教育活动的能力，包括对幼儿园教学内容分析、组织、再创造的能力。

● 进行社会交往，善于调动家庭与社会有利条件，开展家园合作、社区合作教育的能力。

● 教学实验与教学活动的设计、组织与实施监控能力；对教育改革实践中出现的问题进行研究与反思，发现并提炼教育教学规律的能力。

● 音乐、舞蹈、体育、美术、手工园艺等教育教学的基本技能，具有鉴赏美、表现美、创造美的基本能力。

提高幼儿教师队伍专业化成长不是一时就可以完成的，但现代教育观从来不是停留在文章和嘴巴上的，尤其要注重教育教学行为准则的可操作性。这些能力和技能都有具体指标，也都具体体现在教师的日常行为之中。要应对当前教育教学改革的形势，尤其需要提高教师的专业化水平，提高教师的基本功水平，使幼儿教师更好地适应多变的教育形势，适应每一个孩子发展的需要。

因此可以说，幼儿教师的教育教学技能都是日常具体工作中体现出来的，都是在经历许多次的磨炼和应急之后形成的一种心理品质，体现出教师职业行为的熟练度、适应度，幼儿教师日常行为所需的基本技能，在常规管理中是每时每刻都有用武之地的。幼儿园是广大幼儿教师大显身手、磨炼才艺的好天地。

面对推进素质教育和基础教育课程改革的重任，每一位幼儿教师都有必要掌握实施幼儿园素质教育必备的基本技能，成为具有较强的教育教学能力、指导能力、初步的教育研究能力的专业化的教师。

**二、教师的职业素质——科技知识**

1. 进行科学教育必须有正确的科学教育观

目前，国家正积极推行"科技园丁计划"，这说明了幼儿教师具备科技知识与素养的重要性。要求每一位幼儿教师都成为无所不能的多面手似乎有些不现实，但实际上面对着那么多的幼儿，他们对一切都充满了好奇，随时可以提出这样和那样的问题，而且学前教育的目标也是要求促进幼儿的全面发展，作为幼儿的启蒙教育者身肩重任。

科技知识的范畴包含了诸如生物、化学、物理、天文、地理、信息化技术等方面的知识，当然幼儿教师也决非科学的"万事通"，很重要的一条是用热情的态度加入到孩子的活动中去，与他们共同探索。更为重要的是理解并提升自己的科技素养。不断努力掌握其中的科学原理与规律，并善于把这些知识运用和贯穿到幼儿的游戏与活动中。

学前教育专业从大的方面来讲还是属于文科范畴的，因而在科技知识与科技素养方面是普遍存在不足的。所以，作为一名幼儿教师首先应该培养自己正确的科学教育观。

2. 幼儿教师要学会细心观察，多换角度思考

作为一个优秀的幼儿教师，首先就要了解幼儿的认知特点，教师也要明白由于年龄的局限，幼儿能够接受的只是粗浅的知识经验，所以教师要尊重幼儿自身的发展规律。幼儿对周围世界充满好奇，他们用天真、毫无成见的眼光探索周围世界，并且会用他们的直接行动去寻找答案。

教师在日常生活、各项活动中也要养成仔细观察、处处留心的习惯，这样才能及时发现孩子的探索行为，从而抓住机会给予适当的引导，使他们在主动的自由活动和相互交流之中发现问题，并通过自己的操作解决问题。

3. 幼儿教师要尊重科学，实事求是

幼儿是21世纪的未来建设者，而幼儿教师影响的是无数孩子，所以教师是否尊重科学，实事求是，这关系到一个人的科学态度是否端正。试想一个本来就不尊重科学的人能给他所教育的孩子怎样的科学意识呢？

所以当孩子接触社会生活，用天真独特的眼光看到千奇百怪的现象，教师不能解答清楚时就应该用诚恳求实的态度坦白，绝不能顾及颜面而糊弄孩子。这样只会误导一个孩子对这个世界的认识，长此以往，孩子会形成一个错误的世界观。

**4.幼儿教师要学会帮助幼儿学会科学探索**

从幼儿的年龄特点来看，虽然幼儿能够自发产生科学探索活动，但是教师可以通过活动设计和环境创设，以及独特有效的教学方法等引导幼儿积极地探索，获取科学知识。而且我们也主张这样，但是我们有责任去有目的、有计划地促进他们进行科学探索，增强他们的社交兴趣和各方面的能力，因此这就要求幼儿教师必须熟知幼儿科学教育活动的设计要求和方法，去慢慢引导幼儿养成一个正确的科学观和探索科学的方法。

**5.幼儿教师要有热爱科学、探究科学的精神**

一个好的教师，将对幼儿起到一个正面的、起促进作用的影响，因为教师的兴趣和言行将对幼儿产生直接的影响，所以进行科学教育必须有正确的科学教育观，即不是只教给幼儿死记硬背的科学知识，而是应该培养他们探索科学的方法和精神，所以作为一线的幼儿教师自身必须了解主要的科学方法（观察、猜想、辩论、思想交流等）和科学精神（好奇心、怀疑、宽容、无私、实事求是等），这样才能有目的有计划地培养幼儿。幼儿的生活与周围环境紧密相连，周围环境中孕育着自然生态的奥秘，而且生活和大自然也是教师进行科学启蒙教育最直接和最方便的素材，这既便于幼儿操作和获取知识，又能够让幼儿体验生活的乐趣。

 小锦囊

**教师专业化发展的实现要做好以下3方面工作**

（1）社会多方面共同努力；

（2）与时俱进，不断丰富教师专业化的内涵；

（3）教师个体终身学习，不断提高专业水平。

### 三、教师的职业素质——人文知识和人文素养

知识是通过各种课程学习而得到的具体知识点；素养则是指一个人的知识、才能、鉴识力所构成的一种造诣，已内化为一个人的精神气质。作为一个新时代的教师，我们应该走在时代的前列，需要不断地努力，增加自己的人文知识的储备，并积极提升自己的人文素养，给自己插上飞向成功的羽翼。

**1.我国幼儿教师的人文知识亟待提高**

人文学科是关于人类价值和精神表现的人文主义的学科，简而言之就是文史哲艺术等学科。它研究人的精神世界（内在的）和文化世界（外在的）。《大英百科全书》作了如下的界定："人文学科是那些既非自然科学又非社会科学的学科的总和。"具体包括"语言学、文学、历史学、哲学、考古学、艺术史、艺术批评、艺术理论、艺术实践等"。这一说法很全面也很精到，当然对于幼儿教师不仅过于宽泛，也太过艰深了。人文学科设立一种理想人格的目标或典范，引导人们去思考人生的目的、价值、意义，去追求人的完美化。我们许多幼儿教师对于艺术类的技能技巧掌握得较为熟练，有的人甚至称得上精通，但对于古今中外艺术的发展史、艺术理论所知就不多了。

我们许多老师爱好文学，爱读小说等类型的作品，但对于古今中外文学发展史、作家生平、文学理论等内容了解不多，能进行文学创作的为数就更少。据调查显示，在对人文学科的了解程度上，相对而言教师对历史哲学知识知之更少，总以为工作中用的机会不多，于是不太关注这些内容，往往造成"书到用时方恨少"的情形。这是亟待改变的现状。

2.提高人文知识的重要意义

人文学科超越了工具性，它必然促成一个人的素养的形成。从某种意义上来说，人的精神世界和文化世界是统一的。从内容上来说，人的精神世界和文化世界就是意义世界和价值世界。1984年美国出版了一份名为《必须恢复文化遗产应有的地位——关于高等人文学科的报告》，其中较为详细地阐述了人文学科的意义：人文学科告诉我们，文明世界的男男女女是如何设法对付生活中永恒不变的基本问题的。那就是：什么是正义？应该爱什么？什么是勇气？什么是高尚？什么是卑鄙？……人文学科的实质精神能够有助于产生一种对社会的精神通感，是一种精神享受，能提高生命质量，可以提升和体验生命的价值，感悟精神自由。

由此可见，人文知识的提高，不仅对我们幼儿教师产生现实的乃至于未来的影响，还必然对我们的教育对象——幼儿园的孩子们的现在和将来产生影响，意义可谓深远。

**幼儿入园需要注意的问题**

1.全托、日托

全托的孩子与老师相处时间长，感情更容易建立，会比较独立，系统学习的时间更多。如果家庭条件许可，父母也有时间照顾孩子，建议入日托的幼儿园，让孩子逐步适应幼儿园新环境。

2.路程

最好有校车接送，且车程不宜超过1小时。否则，若孩子睡眠不足，再经舟车劳顿，会没有精神学习。

3.是否有活动教学

活动教学是以孩子为中心，老师定主题，然后通过游戏、讨论或小组活动，来启发孩子的创意，诱发他们学习兴趣的教学方式。父母可留意幼儿园的环境，教室里是否挂满了孩子们的杰作，是否设有家庭角、美劳角及其他启发幼儿创意的因素。

4.师资力量

幼儿园教师除了要有一定的资历外，最重要的是对孩子尽责和有爱心，让孩子在没有压力的环境下学习，以免产生"上学恐惧症"，影响学习成绩。父母只需到园区内观察教职员是否和蔼可亲、言谈有礼，便可略知该园的教师素质了。每班师生的比例最好约在1:20，否则教师难以兼顾到每个孩子的个性需要。

5.幼儿园环境

幼儿园的环境对孩子的学习情绪及性格培养影响很大。若幼儿园环境宽敞，老师和蔼可亲，孩子就能愉快学习，并培养出整洁、有礼的好品格。此外，活动空间亦很重要。孩子是活跃好动的，宽阔的活动空间能让孩子抒发情绪及精力，使身心得以健康发展。

注意园方是否将每周的饮食安排表提供给父母，幼儿园是否定期对玩具、餐具和其他用品进行消毒，孩子是否有自己专用的茶杯、毛巾，除了游戏、楼梯等设施的安全外，还应重点考察门卫把关是否严格，接送孩子的交接班是否完善。

6.听取口碑

选择幼儿园时，一定要听取亲友或其他父母对该幼儿园的口碑，这样会对心目中的幼儿园有进一步的了解。最后，为孩子选幼儿园要及早定目标，有了目标便尽快准备，不能三心二意，否则苦了孩子，也累了自己。

#### 四、学会展示自己

当今时代大力提倡的是素质教育，素质教育就是要培养全面发展的下一代，善于表达展示应当是全面发展的一个重要方面。

1. 善于展示自己是树立威信的一个秘诀

教师在一个集体中建立自己的威信是至关重要的，决定了今后工作的成功与失败，对于新教师而言，这一点则显得更加有意义。所谓"威信"，是教师在学生中的威望与信誉，也就是教师在教育和教学过程中表现出来的思想品德、学识能力、教学艺术等在学生心理上引起的信服、尊敬等集中反应。威信不同于权利，不是外人赋予的，而是靠自身的力量取得的。威信不同于威严，不是靠别人害怕，而是让别人信服。人们常说，亲其师，才能信其道，其实我们还可以这样说，信其道，才能敬其师。良好的开端是成功的一半。学生总有先入为主的特点，一位刚接新班的老师多才多艺，知识渊博，能歌善舞，必然会使学生从惊异到敬服，并能较为顺利地在他们的心目中树立良好的第一印象，为初步建立起教师自己的威信和开展工作打下良好的基础。善于表达和展示可以说是树立威信的一个秘诀。

2. 学会用体态交流展示自己

所谓体态语言，是指人在交际过程中，用来传递信息、表达感情、表示态度的非言语的特定身体态势。体态语言是教师教学的"第二渠道"。苏联著名教育家马卡连柯指出："教育技巧，也表现在教师运用声调和控制面部表情上。我相信在高等师范学校里必然要教关于声调、姿态、运用器官、运用表情等课程，没有这样的训练，我是想象不出来可能进行教师工作的。"从马卡连柯基于自己长期积累的教学实践经验来看，他充分肯定了课堂上教师体态语言的重要性。

那么什么是体态交流呢？体态交流包括面部表情、眼神、动作姿态、手势、外表修饰等。体态交流在课堂教学过程中起着不可忽视的重要作用。这种特定的身体态势既可以支持、修饰或者否定言语行为，又可以部分地代替言语行为，独立发挥表达功能，同时又能表达言语行为难以表达的感情和态度。

可能许多老师都遇到过这样的情况：上课时，一个小朋友在做小动作，老师一般不会大声批评，而会走到这个孩子身边，轻轻地拍拍他的肩膀，或者用眼神示意，提醒这个孩子，促使其集中精力听讲，教师的动作代替了口头的批评，它所收到的效果，从某种意义上说大大强于言语行为，因为这样做既避免了有声的批评对其他幼儿的干扰，又不损害做小动作小朋友的自尊心。

3. 学会用言语交流展示自己

课堂教学活动是教师和学生依靠信息交流得以实现的，而课堂信息交流的形式不仅有体态交流，还要言语交流，这是表达展示的另外一条途径。要让孩子善于表达展示，教师则更应该首先具备这方面的能力，一个少言寡语，甚至木讷的人决不适宜做幼儿教师，用马卡连柯的话概括就是"如果没有这些技巧，那就不能成为一个好老师"。

表达展示看似简单，其实不然。各种艺术能力诸如唱歌、弹琴、跳舞、绘画、口头表达，都是要下工夫才能获得的，而且不是一朝一夕就能成功的。除此之外，还有很重要的一点是心理素质，面对一群孩子不怯场，镇定自若，善于调控场面，能够临场发挥，否则虽然能歌善舞但在很多人面前紧张害怕，那也谈不上表达展示。

一般而言，在师生交往中，往往不是单独使用体态交流的。体态语言总是伴随着言语发挥着不可缺少的作用，体态语言起着辅助性作用。但两者在对幼儿的教育中是缺一不可的。

# 第三节　教师艺术化

## 一、家园合作的艺术

1. 家园合作是幼教发展的趋势

从教育发展的规律来看，教育是一种通过共同探索而进行的社群活动和文化分享。其中，家庭和幼儿园是影响幼儿发展最主要的两大环境，家长和教师分别是这两大环境的施教者。幼儿园的教育要与家庭密切合作，将为幼儿的终身发展奠定基础。

幼儿园应主动与幼儿家庭配合，帮助家长创设良好的家庭教育环境，向家长宣传科学保育、教育幼儿的知识，共同担负教育幼儿的任务。幼儿园教师要充分认识家园工作的重要性，要将家长视为合作的伙伴和幼儿园教育的重要的人力资源，并努力在相互尊重、平等互惠的原则下真诚合作，切实将家园共育作为素质教育的基本点。

当前，随着对家庭环境和家庭教育作用认识的提高，家园共育的思想已逐渐受到人们的关注。幼儿与家庭关系密切，唯有认识到家庭对孩子发展的重要性，并与家长有效合作，共商教育对策，才能使教育适应孩子的需要。

2. 家园合作的意义

（1）家园合作可以让教师和家长一起进步　对待孩子的教育，决不是教师或家长单方面就可以完成的工作。从广义上来说，不同文化和社会背景的人之间的对话、不同思想的碰撞、不同智慧的结合，将加深我们对教育、对人、对社会的理解，丰富我们的精神世界，同时为社会的精神文明建设做出积极的贡献。

家园合作为教师和家长、家长与家长之间提供了一个交流和经验共享的机会。交流与分享时每个人既是学习者，又是教育者。家长可以分享教师先进的教育观念、教育技能和教育经验；教师也可以从家长那里获取更多有关儿童的有效信息，了解家长对教育的理解和期望，并从他们所拥有的专业知识和工作经验中获得帮助。

（2）家园合作可以让教师和家长对孩子更加了解　从幼儿的发展规律来看，幼儿知识和经验的获得可以说是整合从两种场所所获得的学习经验的结果。家庭和幼儿园是幼儿生活与学习的主要场所。家园合作的意义，可以使来自两方面的学习经验更具一致性、连续性、互补性。一方面，幼儿在家庭获得的经验能够在幼儿园学习过程中得到运用、扩展和提升；另一方面，幼儿在幼儿园获得的经验能够在家庭中得到延续、巩固和发展。

（3）家园合作可以多方开发幼儿教育资源　教师作为专业人员，在"合作"中应该持一种更为积极主动的态度，与家长建立合作的情感，通过多种途径与家长沟通交流，相信只要我们出于教育儿童的目的，本着尊重、理解、平等、互惠、协商、自愿的原则，家长是会满足幼儿园的教育需要，积极支持我们的工作的。家长的不同职业、不同文化背景本身可以为幼儿园提供丰富的教育内容，也可以为幼儿园的教育需要提供多种支持和帮助；幼儿园则可以为家长提供各种有关教育的资讯，并指导家长充分认识家庭、社区环境的教育价值，学会积极利用各种有效的教育资源来教育幼儿。

总之，家园合作不仅有利于幼儿的发展，也有利于成人教育水平的提高，教师与家长建立密切的伙伴关系，不仅是必要的，也是可能的，因为我们有一个共同关心的话题——孩子，有一个共同追求的目标——孩子的健康成长。

### 二、与同事合作的艺术

教师是社会的一员，也是教师群体中的一员。现代教育是一个互动性很强的活动，也是一种集体协调性很强的职业活动。和睦、融洽的人际关系，愉快的工作环境能提高工作效率。因此，良好的教师集体会使教师之间产生强大的凝聚力，这是保证幼儿园完成各项教育任务的必要条件，也是教师充分发挥聪明才智的保证。因此，关心教师集体，重视教师团体的和谐共进，把自己作为集体中的一分子，在集体中有合作意识和团队精神，自觉维护教师集体利益，是教师在处理与其他教师相互关系时必须遵守的最重要、最基本的行为准则。

1. 虚心学习、不耻下问

古语云："三人行，必有我师焉"。有些人很有才能，但清高，对同事冷漠相待，恃才傲物，目空一切，总以为自己不需要依靠别人就能成功。在幼儿园中，每个教师因知识经验、环境经历、个人爱好的影响而形成各自不同的特色和长处。所以，在集体中，每个教师应从共同的事业出发，互相学习、互相交流，取人之长、补己之短，共同提高，才能共创良好的育人氛围，也才能不断提高个人的业务和思想素质。

特别是在幼儿园这个工作环境中，我们常常会遇到很多教育教学水平较高、知识扎实、经验丰富的老教师。我们要尊重和爱戴他们，诚心诚意地向他们学习和讨教，尊重和支持他们的工作，推广他们的教育和教学经验。

2. 团结与合作

我们要与同事合作，很多事情仅凭一己之力很难完成。要善于求助能给自己以各方面帮助的教师，相互之间优势互补。通过合作，教师会倍感受益，同事会为你提供你所需要的物质和精神需求。值得注意的是，对同事给予的支持和帮助，不是盲目服从，要有原则性，否则是软弱无能。教师应具有强烈的合作精神，形成密切合作的工作作风。

在教学工作中也是如此，要加强相同学科、不同学科、不同年级，甚至不同学校之间的交流、合作。通过互动，发挥教师集体的团队优势，教师之间相互启发，相互补充，实现思维、智慧的碰撞，共同前进。

当然，提倡合作并不意味着放弃竞争。教师间要公平竞争，把竞争变为工作的动力，在合作中竞争，在竞争中合作。

3. 互助与分享

许多刚走上工作岗位的青年教师都感觉自己在进入教学实践后因缺乏经验而无所适从，需要有经验的教师提供帮助。但少数有经验的教师为了保持自己的优势地位，不愿意把自己的知识经验拿出来分享。这种倾向不利于营造团结和睦的教师集体，有经验的教师应无私地帮助缺乏经验的青年教师，但在对青年教师进行帮助时也不能伤害他们的自尊心，要耐心、热情，积极发挥"传、帮、带"的作用。同时，我们每个教师在工作中都会遇到这样或那样的困难，生活上的、工作中的、学习上的……只有相互间真情相助，尽可能地关心和帮助他人，也才能获得他人真诚的友谊。

对于功劳也要和同事分享，不可独占。要懂得分享，因为很多同事对你的成果有所帮助，你一定不能独自邀功请赏。即使是凭自己的力量得来的成果，也要和曾帮助过你的人一起分享。这样更有利于与同事和平共处。

4.保持心理平衡，切忌与人攀比

"公平理论"是美国心理学家亚当斯提出来的，这个理论也同样适用于教师。自己总觉得自己付出太多，回报太少，会有一种不公平感；自己与其他人相比，又觉得自己比别人付出多而得到的少，还是觉得不公平。这就需要教师保持健康的心态，绝对的公平、平等是不存在的，平等与公平只是相对的。人际交往的过程也是利益平衡的过程，切忌与人攀比，妒忌他人，斤斤计较眼前的得与失。要善于发现自我，发挥自己的优势，发展自己。

5.互相尊重，切忌厚此薄彼

一个群体维持和发展的前提是成员间的相互信任和相互尊重。幼儿园是一个协作性很强的集体，如果只和业务能力强的优秀教师或趣味相投的同事接近、亲近，势必会冷落其他的同事，会在无形中造成人际关系紧张，影响到别人对自己的信任。要善于接纳与自己性格不同的人，要尽量与每一位同事保持友好的关系。

此外，保育员、后勤工作人员也为幼儿教育的顺利实施起到了重要作用，教师应该与他们密切配合，相互协作，珍惜他们的劳动成果，对他们以礼相待，才能真正落实"保教结合"的要求。

我们常讲："身教重于言教。"教师之间是否相互尊重，是否彼此以诚相待，对幼儿是一种无言的教育。

6.学会微笑和赞扬，拥有一点儿幽默感

灿烂的笑容，友善的目光，发自内心的对同事的赞扬，都会让你赢得同事的好感。亲和的人际关系，必对我们的事业发展产生有利的影响。托尔斯泰说："埋头从事脑力劳动，四肢不活动，是一件极痛苦的事。"教师就是脑力劳动者，每天非常辛苦。如果我们还能拥有一点儿幽默感，必定能调节气氛，让人消除紧张和疲劳。适当的幽默还能化干戈为玉帛，尽释前嫌。

7.善解人意，安抚受伤的人

在同事需要帮助时我们应该伸出援助之手，同事之间真诚合作，尤其是有矛盾、发生争执和产生误解时，要换位思考，站在对方的立场上想想，换个角度考虑问题，就会理解对方的处境。要理智，避免情绪化，当同事在工作和生活中遇到困难时，要及时出主意，想办法，给予其精神上的安慰或物质上的帮助。切记：雪中送炭比锦上添花更让人倍感温暖。

**三、与家长合作的艺术**

幼儿教育工作，仅靠家长或仅靠教师都是不够的。因为教师看不到孩子在家的情况，家长也不了解孩子在幼儿园的情况，只有教师与家长建立起合作关系，才能使幼儿教育具有针对性和一贯性，才有利于孩子在健康、轻松的环境下成长。

而长期以来，由于教育传统观念的影响，幼儿教师认为自己是教育者，居于占优势的主体地位，而在教育实践中幼儿的家长不被当做教育主体之一，他们往往只能"有求于教师"。这种观念随着教育工作的深入进行，呈现出越来越多的弊端，孩子无论是在家还是在幼儿园受到的都是单一的教育。教师和家长合作起来，则可以给孩子创造出更多样的教育环境，让孩子了解更多的知识。教师如何与家长相处、合作也是一门学问，这其中需要教师不断提高自身的素质，在学习中反思，在实践中磨练；需要开展有效的活动，营造家园合作的氛围；更需要幼儿园的整体支持和保障。

1. 合作的态度

（1）尊重　教师首先要尊重家长，对家长以诚相待。在指出学生的缺点和不足时，要注意时间和场合，讲究方式和方法，不可夸大学生的错误，要充分考虑到家长的承受能力，避免伤害家长的自尊心。只有尊重家长的人格，虚心听取家长的意见和建议，尤其是面对家长的批评，甚至是误解，要勇于承认自己的不足，适度检讨自己。决不能只强调客观原因，总是抱怨。诚心诚意地与家长合作，就会得到家长的信任，就能与家长建立和保持良好和谐的合作关系。

（2）自尊　虽然我们强调与家长打交道时要充分尊重家长的意见甚至是批评，但这并不表示我们要在家长面前丧失自我，对家长唯唯诺诺。教师要坚定自己的价值观念，意识到自己的力量、弱点，摆正自己在与家长关系中的位置，明确自己作为幼儿教育者的主体之一的地位。只有这样，教师才能以自尊的主体与家长交往合作。有自尊的人也能获得他人的尊重，有自尊的教师也能尊重孩子父母的价值观念，让他们了解自己真正关心的事情。如此一来，教师就能有效地与孩子父母建立良好的教育伙伴关系。

（3）谦虚　教师与家长合作时要采取积极主动的态度。伙伴关系的建立需要家长积极参与幼儿教育活动，大胆发表自己的意见，谈自己的教育经验和面临的问题。教师抱着谦虚的态度则能倾听家长的诉说，对家长的意见做出积极的反应，教师能得到第一手的资料，家长也因此而得到鼓励。教师与家长谈话时，还要注意言简意赅，不要长篇大论，唠唠叨叨，没完没了，否则会使家长厌烦，不仅不能达到好的效果，还可能适得其反。如果教师对家长的意见反应消极，或不以为然，就会与家长关系疏远，从而导致"鸡犬之声相闻，老死不相往来"的局面。家长与教师互相理解，谋求共同一致的教育立场，采取协调一致的步骤，才能达到最佳的教育效果。

（4）主动　很多教师通常是学生犯了错误时才与家长联系。我们要把定期与家长联系当成一项必要的工作来看待，学生不犯错误也要与家长进行双向的信息交流，及时做出反馈。如果学生有了进步，要及时告诉家长，可以发短信、写便条请学生带给家长，也可以打电话给家长，还可以通过学校与家庭的"联系本"写上赞扬的话语。教师的热情与主动可以消除双方的距离感。家长与教师天天见面，如果教师认为家长只是接送孩子，双方自然有距离感。如果教师把家长视为重要的合作伙伴，就会对其表示欢迎，问候家长并与其交谈。

2. 合作的技巧

在教师与家长的合作中我们发现，有些教师与部分家长关系紧张，其中一个重要原因就是缺乏与家长沟通的技能，甚至出现互相指责、埋怨、推卸责任的现象。有调查表明，75%的教师认为自己缺乏促进学生家长参与的策略，70%的教师认为自己缺乏与家长合作的技能。教师要在实践中摸索，不断总结这方面的经验。

（1）虚心听取家长的意见建议，创造平等的交流氛围　我们发现有不少幼儿园召开家长会、家长座谈会的场面，都是教师中心式的，像上课一样。这在很大程度上妨碍了家长的参与。教师要将家长视为平等的交流对象，虚心听取家长的意见和建议，不要忽略家长的意见而急于表明自己的态度或意见，也不要和家长在非原则性问题上进行无益的争执。聆听是对家长的尊重，是衡量一名教师素养的标准之一。倾听家长的意见，改进自己的工作，不但不会降低教师的威信，还会提高教师的威信。因此，幼儿教师在组织其与家长的共同活动时，也要注意使场面尽量非中心化，保证家长与教师处于平等的位置。

（2）恰当的举止和仪表、贴切的话题和语气 教师与家长接触时要注意穿戴大方，举止得体，只有合乎家长对幼儿教师职业形象的期望，才能取得家长的信任与亲近。如果教师穿着邋遢随便，或妖艳怪诞，家长就会与之疏远，并且质疑其教学能力。与家长交流时，教师的面部表情、声调、姿态等，都要表现出热情、感兴趣、自信和尊重。

教师还要注意与家长交往的内容和方法。研究表明，关心孩子的话题有利于教师与家长建立良好的伙伴关系。教师要多告诉家长孩子在幼儿园的表现，倾听家长讲孩子在家里的表现。教师越表现出乐于倾听，与家长分享孩子的信息，家长就越愿意与之交流。在交往过程中，尽量少运用命令、警告、责备、劝告和教训的语气，尽可能多地使用倾听、解释、陈述的技巧。另外，教师在使用语言时要考虑家长的知识水平，以决定是否使用专业术语。也要考虑其家庭背景，避免使用伤害家长情感的语言。

（3）要多表扬学生的优点，时时不忘感谢家长 尤其是初次与家长交往时，切记要报喜不报忧。人人都需要赞扬和赏识，就连几岁的小孩，如果夸奖他漂亮、可爱，他也会乐陶陶。家长也不例外。教师要善于发现和挖掘学生身上的优点和长处，只要用心观察，成绩差的学生身上也会有闪光点。教师对学生要从不同的角度表扬、赏识他们，让家长先从心理上接纳教师，然后再说学生需要加强和改进的地方。如果初次与家长见面，教师就大谈学生的不足之处，会影响教师今后与家长的合作。

很多家长都为学校和班级作过贡献，对教师的工作鼎力相助，教师别忘记感谢这些家长的无私帮助。有的家长会为班级春游出车，有的会为学生的文艺表演借服装，还有很多家长提供了各种形式的支持。所有这一切，教师都应时时不忘记说声"谢谢"。让家长的付出得到认可，使双方感情更融洽。家长得到肯定和鼓励，会乐于提供更多更大的帮助。

（4）开展有效的参与活动 家长一般只在接送孩子的时候与教师碰面，交流的机会非常有限。任何关系都是在活动中建立的，为了与家长建立更好的合作关系，教师应该多多组织适当有效的活动邀请家长参与进来。有效的家长参与活动能冲破家长教育水平与社会阶层差异而造成的障碍，吸引家长，使他们对幼儿园的教育感兴趣，从而积极参与到幼儿园的教育活动中来。因此，教师应经常设计开展一些满足家长和孩子共同需要的有趣的活动方案，如举办家长开放日，带领家长参观幼儿园，让他们了解幼儿在幼儿园的生活情况。还可以组织亲子运动会、家园联谊会、双休日郊游等促进家长与幼儿互动的活动，增进家长与幼儿之间的情感，让他们更多了解幼儿的心理与需求。

3.合作的途径

与家长合作，必须创造适当的交流途径，在不打扰家长正常工作生活的前提下，获得事半功倍的效果。教师可以通过家访、召开家长会、家长与学校联系手册、电话、通信，运用网络发电子邮件、网上聊天等多种形式，与家长互相通报情况，共同商讨、协调教育方法和教育步骤，建立全方位的合作平台。

（1）家庭访问 家访是教师尤其是班主任与学生家长合作的一种常用的方式。这种方式可以使教师熟悉学生的生活环境和学生在家的表现、与父母的关系等情况。家长也可以了解学生在校的情况，学生也会感受到老师的关心和重视。学校与家庭协同教育，更利于促进学生的健康成长。

家访主要有 3 种形式：普访、随访、定访。普访，是对大多数学生家庭的普遍访问，一般在班主任刚接一个新班级或开学初多采用此形式。它可以了解学生的基本情况。随访，是指随时随地去学生家中进行家访。当学生犯了错误，有了进步或有突发的事件需要与家长马上沟通时，要及时进行家访。定访，是间隔一段时间进行一次家访，定期与家长联系。

教师在家访时要注意尊重家长，多鼓励学生，与家长意见不一致时，要避免争执，还要及时对家访的效果进行反馈。家访时还有一点要注意，就是需要控制时间。除非家长愿意，否则切不可占用别人过多的时间。教师在家访时，最好遵守约定的时间，准时才能给对方一个守时的好印象。去家访时，事先要做好充分的准备，明确访问的目的，确定访问的内容，才能最有效地利用好家访的时间。

（2）家长会　家长会是教师耐心倾听家长的关注和期望，是家长了解子女的学习情况、困难和需要的机会。过去的家长会，通常都是教师与家长"二结合"方式，教师说，家长听，一边听，一边记下教师的各项要求。学习和表现不好的学生，家长还要听教师的训斥。现在出现了"三结合"式的家长会，教师、学生、家长共同参加。很多幼儿园都推陈出新，举行多种深受学生和家长欢迎的家长会，如交流式、展示式、联谊式等。在这些形式多样的家长会中，教师不再唱黑脸主角，而由家长当主角，学生和家长共同参加。家长、教师、学生在彼此尊重中增进合作，让家长会成为架设三方合作的桥梁和纽带。

（3）个别沟通　个别沟通是指教师利用接送孩子的时间与家长进行个别交谈和专门约请个别家长来园面谈。教师可以利用家长接送孩子的时间与家长简短交谈，三言两语，却可以及时互通信息，使家长与教师得知近日乃至当天孩子在园或在家的情况，以便家园随时配合，促进孩子发展。约请家长来园是另一种个别交谈形式，它与前面所说的接送孩子时的交谈是不同的，是一种有目的、有准备、有一定深度的交谈。当孩子存在某种比较突出的问题需要家长和教师共同研究、配合教育，或是教师发现在家庭教育上存在不利于幼儿发展的问题需要做个别的长时间的家教指导时，个别交流是最有效的沟通方式。

（4）家园联系册　家园联系册也是目前实现家园联系的一种简便而有效的形式。家长通过与学校的联系手册，了解学校的各项要求和学生在校的各种表现。现在，有些家长工作繁忙，难以抽出时间与教师经常交谈，家园联系册灵活方便，传递信息及时，跨越了家长与教师交流的障碍。学生有了点滴的进步，教师都应在联系手册上写上赞扬的话，给家长一个惊喜。学生在家庭中好的行为，家长也可以告知教师，共同关注学生的成长，增强学生的自信心。教师则可以从联系册中获得幼儿园教育效果的反馈信息，了解幼儿在家中的表现，得知家长的意见和要求，时间长了，联系册就成为反映孩子发展与教育的宝贵资料。

（5）学校开辟父母专栏　现在家长一般工作都很紧张，一般只能在接送孩子的时候与教师见面。教师人数有限，不可能在有限的时间内与每位家长做到有效的沟通。这就需要开办专栏，创办板报专刊等方式来通报信息。比如利用幼儿园的板报栏、橱窗来介绍各种教育经验和教育方法。家长在等待孩子下课的时间里，可以通过观看橱窗板报里的专栏来获得多种家庭教育的指导。

（6）书信、便笺、通讯、网络　教师还可以运用书信、便笺、电话、手机、网络等传统和现代化的通讯手段，通过电话交流、发短信、发电子邮件与家长互通信息。对于长期在外学习与工作的幼儿家长，虽然平时家中有亲朋作为孩子的监护人，教师仍应设法与孩子的父母取得联系。随着科技的发展，传统的书信、便笺等形式逐渐被网络通讯取代，甚至有些教师还通过教师博客、论坛等方式与家长获得及时交流。

 知识库

**说话的艺术**

小虹是一位今年刚入园的幼儿，由于平时家长什么事都喜欢包办代替，在家里是"衣来伸手，饭来张口"的小公主，生活自理能力很差。一天小虹爸爸来接小虹回家，保育员对他说："小虹什么也不会，吃饭、大小便、穿衣、脱衣服都要人帮忙，她的能力这么差，你们家长也不注意培养，将来怎么能成大器呢？"家长听了这一番数落，脸色由红变青，最后终于爆发了："我们家虹虹就是不会才来上幼儿园的嘛……"双方关系一下子搞僵了。

**四、与孩子们合作的艺术**

事实上，教师与幼儿之间的关系是很复杂的，老师、"妈妈"、朋友……但其实，有时候，教师和孩子之间还是合作者的关系。有人说，跟孩子合作，真难！他们调皮，他们任性，他们幼稚，似乎有许许多多的理由足以说明，教师与幼儿合作有困难！

其实教师与幼儿合作不难！

合作不是老师刻意营造出来的，也不是老师为了迎合孩子而故意做出来的，它是在一种和谐的气氛中，在老师充满爱心的鼓励中自然形成的。在合作中，老师和孩子是师生，是朋友，是伙伴；合作中，孩子学会了知识，掌握了生活规则。

只要心中有幼儿，有对幼儿的尊重，合作不难！合作的基础是建立平等的师生关系。

1. 做孩子的玩伴

张老师就是这样一个进入孩子世界的人。孩子们都喜欢与她嬉闹。一天上午，张老师领着一群孩子往教室走，刚到拐角处，孩子们突然不见了。正当张老师纳闷之际，一群孩子"嗵"的一声出现了，用他们的小手当枪，对着老师"嗒——嗒——"地"扫射"。只见张老师"哇"地叫了一声并作倒地状，孩子们欢呼雀跃："我们胜利了！"当孩子们发泄完后，老师问："枪是打谁的？""打大灰狼、打坏人。""对！那么，只有老师作大灰狼的时候才能打。"就这样，一群浑身有使不完的精力的孩子在满足了做游戏的愿望的同时，也受到了教育。在游戏中，老师与孩子是平等的，孩子与老师的心在欢笑中拉近了。

在平时教学中，教师和孩子共同游戏是和孩子沟通的最好机会，在这种平等的环境下，孩子才会觉得教师是他们的朋友。因为老师比较会玩，知道的东西多，孩子可能会问许多问题，激发求知欲，希望自己也像大人一样知道很多的东西。而老师在游戏中也可以知道孩子在想什么，怎么想的，知道什么，不知道什么。

2. 相信孩子的能力

相信孩子也是一种教师对幼儿的特殊的尊重。孩子的童心世界孕育着智慧和力量，只有教师真正走进去，教师才会认识到。所以，合作的基础是相互信任。要学会与孩子合作，首先应该相信孩子，不要小看孩子的能力，不要低估他们的水平。幼儿往往从教师的信任和期待中体验到人的尊严，激励自己不断进取。事实上，教师把幼儿当成什么样的人看待，就等于暗示他应该成为什么样的人。所以，相信孩子是一种催人向上的力量。

### 3.尊重孩子的意见

尊重，其实不仅限于成人之间。事实上，幼儿的自尊心正是一个不断成熟的过程，所以尊重孩子，就显得尤为重要。我们要善于以平等的态度与孩子交往，平等交往的关键在于不居高临下，不给孩子施加压力，不认为小孩子说的肯定没有道理。扪心自问：我们平常怎样跟孩子说话？有没有真心诚意地向孩子请教过？遇事征求过孩子们的意见吗？经常和孩子们聊天吗？要让孩子在完全松弛的状态下，用愉快、自由的方式与老师交流看法。

只要老师真诚地对待他们，相信孩子也会分担老师的烦恼，会帮助老师克服困难，而成为老师的好朋友。只有教师做到以诚相待，尊重孩子，孩子们就一定会感觉到，并且也会同样用心地对待教师。不要一开始就让孩子觉得自己说的不对，想的不对，一跟老师说话就有压力，只有放弃了权威才会得到孩子的真心话。

### 4.和孩子一起成长

根据有关调查显示，幼儿的知识所得以及对外界逐渐产生的认识，大部分都来自幼儿园。每个孩子都是生动活泼的个体，他们会不断地对周围环境进行探索，以发展自己的经验、能力、意志和态度。所以幼儿的信息来源和思考、判断、评价、解决问题的能力常常超越教师的预料。教师要时时处处发挥幼儿的主观能动作用，挖掘幼儿的潜能，学会站在幼儿的角度客观地评价和反省自己的教育策略、教育要求和教育方法，从幼儿的发展、需要和利益出发，去思考各个教育环节。有时候，当我们用孩子的眼光去看待问题，就会发现很多生活的乐趣。

每章一练

1. 如何开展科研教育的选题工作？
2. 简述教师全能化的基本要求。
3. 简述教师艺术化的基本含义。

# 第四章

## 幼儿教师专业化之路

了解幼儿教师应树立的学习观和应达到的教学能力与技巧。

认知：了解基本概念，学习并掌握教学能力与技巧的相关知识。
理解：树立正确的学习观，并根据自身条件不断提高教学能力与技巧。
运用：通过本章的学习，能够对自身的不足进行分析，找出自身较欠缺的能力与技巧，在今后实践中不断提高。

\* \* \* \* \* \* \* \* \* \* \*

## 第一节　现代幼儿教师应树立与新时代相符的学习观

当今时代是一个信息化的时代，随着知识经济的时代到来，人才竞争日益激烈。多出人才，出好人才成为时代最强烈的呼声，这就使得教育的功能显得尤为重要。

1989 年 11 月，联合国教科文组织在北京举行 "21 世纪的挑战与人的素质" 国际研讨会，在会议最后提交的一份纲领中提出了 21 世纪面临的新挑战，其内容包含了信息技术的挑战、道德伦理价值的挑战、新技术革命的挑战和劳动世界的挑战等几个方面。无论是目前的挑战或是即将面临的挑战，都分别从教育系统内部与外部，对教师素质提出更新更高的要求。20 世纪 80 年代，世界教师职业团体联合会（WCOTP）副主席的一份报告明确提及了教师面临的 5 种挑战：文化的冲突、教育民主化、学校的开放、终身教育、教育成本等。这是以 "现在" 为维度直指目前的状况，同时又立足于 21 世纪之初，以 "将来" 为维度预测在新世纪教师所面临的新挑战。

### 一、幼儿园教师必备的知识结构

目前全国上下大力提倡素质教育，从广泛意义上讲，素质教育就是全面提高学生素质，促进学生全面发展。学前教育也应该贯彻素质教育的精神，遵循素质教育的人才观，促进幼儿多方面生动、活泼、主动地发展，自此意义上而言，幼儿教师则应该先行全面发展。这里我们将理论和实践结合在一起来具体探讨新世纪对幼儿教师的要求。

1. 幼儿教师必须具备一定的电脑知识

学前教育的对象是幼儿，幼儿最显著的特征是好奇、好问。他们对周围的世界很陌生，有着强烈的认识世界的渴望。虽然这种认识是表面的、粗浅的，但却是包罗万象的。自然科学和社会科学等各个领域都会成为他们关注的焦点。邓小平同志早就提出"计算机要从娃娃抓起"，作为娃娃们的教育者——幼儿教师必须具备一定的电脑知识、电脑的运用能力和网络方面的知识。

2. 幼儿教师必须具有广博的科学文化知识

陈鹤琴先生曾提出："幼儿教育是适应幼儿体、智、德发展之需。"由此可见，学前期是一个人发展的关键时期，促进幼儿全面和谐发展。幼儿教师起着极为关键的作用，幼儿教师的素质和能力如何关系到一个人学前期的乃至于一生的发展。我国在1996年《幼儿园工作规程》里提到，"……对幼儿实施体智德美诸方面全面发展的教育，促进其身心和谐发展……"综上表述，我们可以得出结论：促进幼儿全面和谐发展的教育是幼儿教育的核心目标与价值。随着时代的发展，这一点越来越明晰化。幼儿教师必须具有广博的科学文化知识才能自如地将孩子的好奇引入到探索、探究的轨道上来。这必然对幼儿教师的科学文化素质提出越来越高的要求，新的世纪呼唤"通才"的幼儿教师。

3. 幼儿教师应具有丰富的艺术素养和知识

幼儿的思维特点是直觉行动性和具体形象性，一些生动形象的艺术手段，诸如音乐、舞蹈、造型艺术、语言艺术等都符合幼儿的认知特点，容易为幼儿接受。教师生动性、富有感情色彩、语调亲切、语音标准的语言表达能充分调动起孩子的兴趣和想象力。音乐、舞蹈、美术等既是重要的教育内容，也是有效的教育手段。因此，幼儿教师应具有丰富的艺术素养和知识，从而提高教学质量，促进幼儿的全面发展。

4. 幼儿教师还必须掌握教育学和心理学的相关知识

幼儿教师是幼儿的教育者，还必须了解认识幼儿，系统地掌握幼儿教育学和心理学的知识。作为一个幼儿教师，如何合理地设计科学地安排幼儿的活动，启发幼儿的主动性和创造性，促进幼儿最佳发展，这就必须具备一定组织能力和教育分析评价能力。

时代的发展一日千里，时代的挑战是对幼儿教师的激励与鞭策，作为新世纪的幼儿教师应该不懈努力，争做真正意义上的"通才"。借用某位老师所言："我现在既做老师又做学生，做学生是为了更好地做老师，辛苦一点儿很值得，既提高了自己，也教育了孩子。"

### 幼儿教育的含义

幼儿教育也有广义和狭义之分，从广义上说，凡是能够影响幼儿身体成长和认知、情感、性格等方面发展的有目的的活动，如幼儿在成人的指导下看电视、做家务、参加社会活动等，都可说是幼儿教育。而狭义的幼儿教育则特指幼儿园和其他专门开设的幼儿教育机构的教育。幼儿园教育在我国属于学校教育系统，和学校教育一样，幼儿园教育也具有家庭教育和社会教育所没有的优点，如计划性、系统性等。

**二、新世纪的幼儿教师必须树立新的学习观**

所谓学习观，就是人们在长期的学习过程中对学习形成的看法或认识。

当今世界，人类面临着严峻的学习挑战。在这种情况下，人们不能把广泛而深刻的学习活动局限在学校内部，不能再为已知的、重复的情境做准备，否则，人类的学习将走向更大的危机。因此，必须树立新的能适应人类发展所需要的学习观。

1. 打破在校受教育观

进入 21 世纪，作为一名新世纪的幼儿教师应该更新自己原有的学习观念，树立起新的学习观。人们在很大程度上认为，人类的学习活动就是要在一个特定教育机构——学校中进行的；或者说，人们在很大程度上认为，只有在学校的学习才是真正的学习。这种学习观存在着极大的局限性，只承认或重视学校教育的作用，而忽视甚至否认了自学等其他形式学习的价值；随着工业革命的发展以及近代学校教育的全面发展，学校作为一个独立的社会形态被强化、被固定了，随之而来的人们的学习观也逐渐地被局限，被缩小了。同时，这种学习观还不同程度地表现出被动性，学习者在学习中的主体地位长期得不到承认和重视，学习者的主动性与创造性必然受到不同程度的轻视。最后，我们还应看到这种学习观的维持性，亦即人们认为学习的目的就在于"维持现有体制或已经建立的生活方式"，是面向现实与过去的，很少考虑未来。

2. 树立终身学习观

所谓终身学习观，首先确立的是一种开放的学习观，它承认一切学习的价值与作用。它认为，在当代以及未来社会中，人必须随时随地进行学习，必须利用各种形式，通过各种途径进行学习。新的学习观强调学习的自主性，它强调所有的学习活动都应该建立在学习者主动需要的基础上进行；它还强调学习活动应该在不断的探索中进行。它并不贬低在学校里学习的作用与意义。它认为，学校教育仍然是人类的一种基本的学习途径，是一种促进学习的正式而有效的手段。

自 1965 年保罗·朗格朗提出终身教育的理论以来，这一理论日益受到世界各国的重视，并为许多国家所接受。终身教育将是人类有史以来对教育的最大改革，教师将是最先进入终身学习体系的一个群体。未来教师的日常工作将不再完全是教学生，每个教师都要定期参加培训。

3. 注重继续教育手段

在我们国家，教师的继续教育，即在职培训已经越接近于制度化，连续不断地学习已经成为教师的一种责任和义务。在职培训分为学历提升型培训和非学历培训。就幼儿教师这一职业领域而言，原来的合格学历是中师。大量的在职培训是属于非学历培训，诸如新教师上岗培训，晋职晋级培训、各种专题培训、园长岗位培训等等。随着时代的发展，许多教师通过各种途径纷纷提升自己的学历层次，从大专到本科乃至于研究生，就属于学历提升型的；1999 年全国继续教育工作会议以后，开始启动全国范围内的大规模的继续教育工程，最先实施的各级骨干教师培训，在 3 年之内，全国范围内遴选优秀教师（含幼儿园教师），并分别进行国家级骨干教师培训、省级骨干教师培圳、市级骨干教师培训。各级各类骨干教师培训按照 3 个面向的要求，根据以培养创新精神和实践能力为核心的素质教育的要求，遵循骨干教师成长规律，坚持按需施教，学、研、用相结合的原则，突出时代性、实效性、创造性，努力建设一支适应 21 世纪需要的具有现代科学文化素养和创新精神的骨干教师队伍。

### 三、做一个会积累的教师

1.学会持之以恒地充实知识

积累如同蚂蚁搬家，虽然缓慢，最终却能移动大象。对于教师来说，积累就是广泛地获取各个领域内的知识，开阔自己的视野，紧跟时代的步伐，不断充实新的知识。生活对每个人都是公平的，每个人都可以获得成功，但事实上，佼佼者、成功者往往只是少数，这当然有多种原因，而虎头蛇尾、缺乏持恒精神是其中至关重要的一条。

古语云："积土成山，风雨兴焉；积水成渊，蛟龙生焉""海河不择细流，故能就其深"，古人的理解与现代人的理解是一致的，强调成功在于长期的积累。不可浮躁，在于持之以恒。成功的道路上是没有捷径可走的，给自己定下一个目标，就要坚持到底并将自己的愿望之舟引向成功的彼岸。素养的养成同样也可以理解成为积累的养成，而素养并不是外在的，而是内化于一个人的思想意识与性格之中，成为一个人的特质之一。这需要一个积累的过程，操之过急是不现实的。

获取知识的渠道是多种多样的。比较传统的方式是上学接受教师的传授。一个人不可能一辈子都在学校读书，这是不可能也是不现实的，现在获取知识的方式是开放式的，多样化的：听广播看电视，通过声像方式获取知识；读各种书报杂志、调查研究、自己观察测量、通过个人的方式获取知识。现在已经进入网络时代，走上信息化高速公路，充分利用网络资源可以获得更为广阔的知识空间。

2.学会从生活点滴中积累教育素材

任何一种成功都不是偶然的，更不是轻而易举可以成就的。做一个合格的乃至于优秀的幼儿教师决非一蹴而就的事情，需要付出辛劳和汗水，不能忽视点滴的积累。我们可以这样理解积累："积"是从深度层面、从时间角度而言的；"累"是从广度层面、从范围角度而言的。

成为行业精英是很高的学术境界，更需要付出汗水和时间。作为幼儿教师并非一定要成为专门研究的人员与专家，但也决非是对各类知识蜻蜓点水式，浮光掠影。积累不是短期性的而是长期性的，更应该从细微处开始，从点滴中开始积累。

 小锦囊

### 幼儿教育的历史及发展

幼儿教育是教养机构根据一定的培养目标和幼儿的身心特点，对入小学前的幼儿所进行的有计划的教育。又称学前教育。西汉时期编纂的《礼记·内则》中就有关于幼儿教育的记述。中国近代幼儿教育机构始创于清光绪二十九年（1903），设于湖北武昌，名为蒙养院，1922年定名为幼稚园。欧洲近代幼儿教育产生于18世纪末19世纪初。法国牧师J·F·奥贝兰于1771年在孚日创办了世界上最早的幼儿学校。1802年，英国空想社会主义者R.欧文于苏格兰的新拉纳克创办了一所招收2~6岁工人子女的幼儿园。德国教育家F·W·A·福禄贝尔和意大利教育家M·蒙台梭利对幼儿教育的理论和实践都产生过重要影响。

## 第二节 现代幼儿教师应具备的基本教学能力与授课技巧

### 一、努力提高职业心理素质

每个职业都有其特有的心理素质，而这种良好的心理素质并不是先天性的，而是经过后天的培养，以及在对职业的不断理解中，慢慢熏陶出来的。良好的心理素质是成就一个职业的基本条件之一。教师的职业素质是帮助教师成功扮演自己的角色的心理特征的表现，是在教学过程中引导幼儿、教育幼儿的具体表现，并且这些心理品质是教师在职业生涯中逐步形成和总结出来的。其中，经过研究发现，教学监控能力和教育机智是比较重要的教师心理素质。

1. 教学监控能力

（1）要在实践中形成科学的教育观　教学监控能力，即教师对教学过程进行积极主动的控制、调节、检查、策划、评价、反馈的能力。优秀的幼儿教师要有良好的教学监控能力，首先要形成科学的教育观，需要在实践中不断地学习和掌握教育理论知识，在实践中主动运用这些知识，并通过自身的实践验证和发展这些知识；幼儿教师还要注意在工作中总结经验，摄取有关知识，不断提高自己的业务能力；幼儿教师更要相信自己在工作中会有所成就，相信自己付出的劳动会带来相应的成果，努力工作，特别在遇到困难的时候，能够坚持不懈，勇于向困难挑战。

（2）不断提高自己的综合能力　教学监控这一能力，是教师在教学过程中表现出来的综合性能力。对幼儿教师来说，这种能力主要体现在对各项活动的监控和与幼儿的沟通上，由于受传统教育的影响，一些教师固步自封，跟不上时代的步伐，教学监控能力比较低，特别是在与学生的沟通、对学生进步的敏感性和对职业的展望这3个方面的能力比较差。教师要做到主动了解幼儿的需要，善于调节活动与幼儿实际水平的距离，提高对幼儿进步的敏感度，并且有效地对活动进行小结和评价。

这个过程不但需要教师不断提高自己各方面的知识能力，还需要提高教师对幼儿的期望和对幼儿的指导和对幼儿的理解，这些均会有效地促进幼儿的发展。而教师通过这些行为来影响幼儿的发展的效率可被称为教师效能感。效能感是个人对自己进行某一活动能力的主观判断。影响效能感有内外部的因素，外部因素如社会风气、人际关系等，内部因素是影响教师效能感的关键，主要指教师的教育观和自信心。教师效能感水平的高低，会影响教师对幼儿的期望、对幼儿的指导等行为，从而影响教师的工作效率。所以，要提高自己的主观判断力，一定要不断提高自己的效能感。

2. 教育机智

（1）教育机智是一种独特的心理素质　教育机智，从狭义上来理解，就是随机应变的一种能力；从广义上来解释，就是指教师在面对教学情境中的某些突发变化，教师能够迅速正确地作出判断，因势利导，妥善加以处理的能力。它是指教师对幼儿活动的敏感性及能根据新的、意外的情况快速地作出反应，教师的教育机智并非天生的，而是教师在学习教育理论，总结教育经验，努力参加教育实践的过程中逐步形成和发展起来的。

就像著名教育家乌申斯基所说的那样："不论教育者怎样地研究教育学理论，如果他没有教育机智，他就不可能成为一个优良的教育实践者。"

随着教育改革的不断深化，教师职能的不断专业化，教育机智在教育过程中的重要作用愈加突出，所以如果教师缺乏这种心理素质就无法胜任教育工作，或至少不能成为一名优秀的教师。幼儿教师面对的是一群活泼天真的幼儿，在对他们的教育活动中，常常会出现一些新的甚至是意外的情况，这就要求幼儿教师能具有教育机智，迅速作出反应，果断采取措施。

（2）幼儿教师的教育机智。主要表现在以下 3 个方面：

●时刻关注，因地制宜。我们所有教师要有对幼儿事事教育和时时教育的心理准备，因为幼儿在园的一日活动包括学习、生活等各个方面，所以不能一味采取某个教育模式，要根据不同的情况采取不同的教育手段。并不是说，除了对幼儿进行智力开发以外，其他的方面就可以忽略。

●调动兴趣，因势利导。每个孩子都有自己独特的兴趣爱好，教师要在充分调动幼儿在园活动的积极性的基础上，尽量发挥每个孩子的兴趣特长，消除其消极因素的不利影响。如在一次游戏活动中，有的孩子很投入，有的孩子由于角色不符合自己的需要，或者由于缺乏此角色的经验，在整个游戏过程中不能进入角色，所以调皮捣蛋。这时，就要求教师要了解幼儿的心理，运用循循善诱的方式，积极引导幼儿参与学习活动或集体活动，培养他的兴趣和提高他对角色的理解。

●分析原因，对症下药。因为每个幼儿的个性存在着差异，所以幼儿在学习生活中发生的问题，其情况和原因肯定是各不相同的。教师应在正确分析事情的起因之后，考虑幼儿的个性特点，采取多样的方式和方法，有的放矢地进行教育。针对每个情况，作出不同的解决方法。

**二、培养创造良好氛围的能力**

谈到幼儿园教师的技能时，通常人们首先会想到的是教师的专业技能，如唱歌、跳舞等，其次是教师的自身艺术素养。其实，幼儿教育说到底就是环境教育，良好的育人环境对幼儿的成长至关重要，因此教师要具备相应的意识和技能。

1. 要具备增进幼儿运动的技能

由于幼儿的年龄特点，运动是幼儿每天都必须进行的，所以增进幼儿运动也是幼儿教师每日必做的。教师要善于评估每个幼儿体能发展的需要，根据每个幼儿的身体素质和特点，拟定适当的体能发展计划。

幼儿体能的发展是潜移默化、循序渐进的，但每个幼儿发展的速度是不一样的，教师应在儿童日常活动的条件下观察了解儿童的发展状况，做非正式的记录。记录不是为找出出色或迟钝的孩子，而是为了了解每个幼儿的弱点，然后根据幼儿的特点，正确引导其参加最有助于改善其弱点的活动。如果不能完成基本指定动作，表明儿童的小肌肉动作协调不佳，教师应组织他们加以练习，在这个过程中，教师要善于示范。

2. 要具备良好的卫生健康意识

由于幼儿教育在教师职业中的特殊性，决定了教师不但要经常鼓励幼儿养成良好的卫生与营养习惯，自身还要具备良好的卫生健康意识，掌握保持班级成员卫生健康的技能。例如教师在早上与家长交接时，要与家长沟通询问，了解儿童在家里的身体状况；在日常活动中教师应注意儿童的表现，是否无精打采或有其他异常的特征，如发现有异常情况，要及时与医务室联系给孩子提供帮助。做到随时观察，随时发现，随时解决。如班内有患病儿童，一定要注意患病儿童可能的异常行为或症状，并给他们提供随时的帮助。幼儿良好的健康卫生意识可通过教师示范、讲故事、游戏和亲身体验来习得。例如地面、桌面和储藏及分派食物的地方要干净，垃圾要尽快倒掉。公共活动室和厕所这样的环境必须保持清洁；灯光、暖气、通风设备要合乎卫生标准，另外要常备一些纸巾、纸杯、肥皂之类以备意外之需。

3. 要有超强的环境安全意识

有些幼儿园经常会出现一些安全事故，其本质原因是教师的环境安全意识不到位。幼儿教育的特殊性要求教师具有超强的环境安全意识，具备维护环境安全的技能，能够落实幼儿活动区域的安全措施。尤其是防火、防水、防电、防毒是幼儿园安全的关键。

对于环境安全意识，要注意活动室的门窗、出入通道、台阶是否便于幼儿出入，小型桌面玩具的体积是否过小（小于 1 立方厘米），地面是否湿滑，户外游乐设施是否安全，各种文具如铅笔、尺子、剪刀等是否过于尖利，电视机和电源插座有无安全防范措施，玩沙、玩水的用具是否破损或尖利，活动室的桌椅和柜子是否有过多的边角，厕所便器是否方便使用，应当如何使用，等等。善于指导幼儿学习安全的行为规范，实时对安全情况进行必要的监控。

4. 要具备提高幼儿认知能力的技能

要事先根据幼儿园的活动目标、活动空间条件和儿童的人数，设计相应的活动区角。设立学习角要在考虑本班的实际情况基础之上，依照幼儿的年龄特点、气候特点等，进行必要的设计。既设置永久性的积木角、图书角、美术角、科学角，也可增设一些变动的戏剧角、操作角、大肌肉活动角、音乐角、木工角、沙水角和"娃娃家"角等。

例如，教师应设置一个封闭式的橱柜，存放多余的材料。教师需要用多种隔离物把学习角分开，可先做一个平面分割图，摆好后看幼儿活动的情况，是否能方便孩子的流动和活动。安静区是否离音乐区或美工区远一些，美工区是否应离水池近些等等。每个学习角的材料一定要放在矮架子上或钉挂在软模板上，使幼儿能亲自取放。设备材料的布置也应该让幼儿知道什么东西是可以用的，以便决定要玩什么，没有必要把所有的玩具材料一次都展列出来，免得幼儿眼花缭乱，难以选择；学习角划分好后，应向幼儿提出一些行为规范，如每个活动区可以进几个人，这样确定和标志人数，并和幼儿共同制定规则，幼儿会乐意服从。

**三、提高自我反思的能力**

理想的教师专业发展之路是内控的，也就是通过主观的自我控制及自我约束来实现。教师自我意识的觉醒，即教师具备自身对职业的认识、感受，能够激发其内在驱动力，并努力在教育工作实践中自觉追求自我专业发展。换言之，教师要增强专业意识和水平，做自身专业发展的主人，从而把握发展的主动权，才能在职业生活中有所创造，并且享受到职业的欢乐和尊严。

1. 认识、提高、重新定位教师的个人化理论

发展教师个人实践知识，提升其理论的合理性，最重要的就是要激活主体的自我意识，通过反思重新定位教师的个人化理论。关于教师如何重建个人化理论有如下几点策略。

（1）不断努力使自己的个人理论显性化 教师首先要知道自己的个人理论"是什么""是怎样的"，就需要通过各种方式，使之显性化。这里有几种专业对话的方式可帮助教师做到这一点。其一，教师与同行、专家之间的观摩、评课、案例解读和分析讨论。这是同行之间

进行专业交流探讨的方式，可以引起相互间的质疑、对话，帮助教师明晰个人实际存在的理论。其二，教师阅读教育名著，也是在思想上与同行即教育家、教育先哲进行碰撞和对话，可以把教育家的教育理念与自己的作比较，受到启发，澄清观念，变革行为。

教师记教育笔记、教学日志、札记也是一种较好的办法，教师每天或定期不定期地将自己印象深刻的教育事件及实践中的困惑记录下来，从而自我呈现教学情境和关键事件，当然也可以通过录像等方式。由此，可以引起教师对自己的教育活动、行为的反思，发掘其中的意义和价值。对这些事件的记录，即"案例知识"的积累，可以提供日后回顾反思的基本素材，并激活教师的自我意识，增强其理性自主。教师可以追问："我为什么这样做，而不是那样做？""我这样做意味着什么？""我是怎样想的，依据是什么？"找出行为背后潜在或内隐的基本假设即教师个人理论。写教育笔记、教育案例，其实是一种教师与自我进行专业对话的方式。

（2）提升教师的自我意识 教师要在不断的教学实践中对自己的教育教学进行观察、分析、思考，要将自己的教育实践活动作为客观认识的对象，要能够意识到个人理论的存在，正视自己的教育教学实践是直接受到个人理论的支配和影响这一事实。反思，一般是指行为主体立足于自我之外批判性地考察自己的行为及其情境的能力。教师的反思是指教师在教育教学实践中，对自我行为表现及其依据，作"异位"解析和修正，进而不断提高自身教育、教学效能和素养的过程。反思来自于自我意识的觉醒。教师要了解自身，就要阶段性地跳出现场情境，使自己的教育教学技术、能力、教育行为及其背后的观念对象化，"反求诸己"。

（3）评价、重建新的个人理论 教师通过对一些经典案例不断的解读，分析行为、事件及其体现的观念，反思评价其合理性、适当性，与一般普遍共同的理论相对照，比较鉴别其中哪些因素欠合理。通过深入的分析思考个人理论的合理性及其原因，促进教师的认识更加深化和理性；哪些因素支撑了个人实践的成功，并有利于促进幼儿的发展。

在对案例理论不断反思过程中，教师对个人潜在的理论不断进行追问、质疑、审视，产生持续不断的认知冲突，进而明晰化、尖锐化，这也就是自我价值澄清的过程。教师通过对自身教育实践及专业发展的反思，作出选择，从而修改、调整或是重建起合理的个人化理论。教师在实践中，伴随持续不断的自我批判性反思，就能不断提升个人理论的合理性，从而加快个人的专业发展。

2. 发展教师实践性知识

实践是理论的具体表现形式，一切理论的最终都是为了实践作准备。实践性知识也称个人实践知识，是指教育教学行动与教育实践紧密结合的一种知识形态，是实践工作者即教师行动或实践的知识基础。也有人称之为个人实用性理论等，这几个概念常常在同一意义上使用。

常规教学具有艺术性，一般的教育教学理论知识必须向具体情境转化。所以个人实践性知识应该是行动性的，而不是理论性的。理论只能指导方向，很难提供具体的行动方案。教师实践性知识与一般知识有别，后者是客观的，独立于教师之外的，是普遍适用的原理、规律，是前人总结的，是书本上的，可以传递习得的。教育教学实践是千变万化的、错综复杂的，一般的公共理论永远不可能满足实践的需要，正所谓"理论是灰色的，而生活之树长青"。

由于教师个人实践性知识所固有的具体化特点，未必每一种实践都是科学的正确的，由于其存在着不合理性，常常会导致教育教学实践中的偏差。与此同时，教师的个人实践性知识往往处于自然、自发的状态之下，是无意识的，其效用与方向无法得到检验。为此，发展教师合理的个人实践性知识或理论就显得非常重要。这无论对于改进教师的观念行为，以达到教育效能的提高，还是对于教师自身专业素养、水平的提高均有意义。

### 美国幼儿园

美国幼儿园的一间教室就像一间包罗万象的小商店，琳琅满目的物品拥挤在一起，但这些看似凌乱的房间却是有章可循的。它一般分为玩具部、绘画剪纸部、积木部、字谜画谜部、戏装部、厨房部、图书部。从这些部门的名字就可知道在这里干些什么。如在厨房部，孩子们就玩锅碗瓢盆、玩具蔬菜，或进行做饭游戏等。

美国幼儿园教育很重视幼儿园的教室布置，这是同美国幼儿园的教育观分不开的。美国幼儿教育的主要观点包括：

幼儿必须利用各种感官，通过与环境的直接作用进行学习；

幼儿教师必须鼓励幼儿积极地与环境中的物体、材料和人进行相互作用；

幼儿教师必须为幼儿提供适合年龄发展和个体发展的课程。

由此，美国幼儿园将教室的布置视为一种策略，认为教室的布置能为儿童提供良好的学习环境，为儿童的发展提供有利条件。

## 第三节　教师职业的乐趣

### 一、认同自己所创造的价值

1. 树立新时代的教师职业观

（1）抛弃旧有教育观中的陈规陋习　由于受旧有观念和环境的影响，许多幼儿教师仅是把教师当做一个饭碗，一个很普通的职业，不注重自己独立科研能力和独立创造能力的锻炼，以为这不属于自己的工作范围。结果，在进入工作岗位后，明显有力不从心的感觉，从而在工作中依赖性强，缺乏学习钻研的精神，独立开展工作的实际能力较弱，根本不能满足现代幼儿教育发展对教师提出的新的要求。

许多教师可能都会有一种惰性的思想，认为已有的教育思路和方法是自己已掌握并非常熟练的，何必再费这个心思去学习和接受新的思想，并且体验这种新的方法和过程呢？正是这种思想阻碍了他们的进步，孰不知原地踏步就是退步啊。

时代不断进步，科学技术也在突飞猛进地发展着，教育学和心理学的发展也不断有新的成就和突破，知识的飞速发展使得职前的学习不可能管用一辈子，这种看法只能是"一叶蔽之"。幼儿教师在工作中不仅需要提高自身的业务水平和工作能力，还要不断总结经验和成果，通过学习进一步加强和提升自身的理论修养和综合素质，积极进取，在工作中做一名孜孜不倦的学习者，才能适应社会发展和教育改革的新形势，走在时代的前面。

（2）学会在新时代中不断调整自己的定位　科学的发展，人类的进步，对教育不断地提出了新要求。教师只有在教育思想、教育形式、教育方法上不断探索，不断创造，才能跟上现代教育的发展。现在的幼儿教育发展已经对教师提出了新的要求和目标，要求教师特别要加强独立科研能力的培养，在工作中搞科研，以科研促进工作更好地开展。幼儿教师可以根据自己的实际情况，对自己研究能力的发展作出一个规划，如认为自己对科学教育感兴趣，可主动地学习幼儿教育理论发展的新动向，不断接受新的观点，尝试和探索新的教学方法，并在实践中不断地思考和创造。

对所有幼儿教师来说，独立创造的能力非常重要，因为从某种意义上来说，教师的劳动是一种创造性的劳动。因为，在教育活动中，已有的模式并不能适合现有的教育情境，教师没有办法完全照搬已有的模式，需要去寻求新的方法和途径。另外，我们的教育对象需要我们具有独立创造的能力，幼儿是一个个富有个性的个体，没有一条教育原理和方法对任何幼儿都适用，这就要求教师根据不同的对象采用不同的办法，因材施教，不断地创造出具有鲜明个性的个体。所以，我们只有不断吸取新的知识，总结已有的经验，有所创新，对工作精益求精，才能向着更完善的目标前进。

2. 自我认同

认同自我，其实就是一个通过不断学习逐渐接受自我的过程。初看起来，似乎没有人不喜欢自己，其实不然，当面对理想自我与现实自我的差距时，往往许多人会对自己多方挑剔，并产生不满。一个人想要认识他人，认识客观事物，就首先要认识并接受自己。其实，这也是对自己自信心不断提高的一个途径。

唯有真正的认同自我，才能自重自爱，不断地谋求自身的发展。那我们如何做，才能做到真正地自我认同并接受自我呢？

（1）不要对自己的短处视而不见　"金无足赤，人无完人"。一个人不可能尽善尽美，所以我们要取得进步，首先要正确面对自己的短处。要鼓起勇气，面对现实，承认和接受它，不应以此为羞，遮遮掩掩。掩饰固可遮羞于一时，但带来的心理负担是沉重的。在这样的情况下，可以通过"代偿"的办法来对待。例如：相貌平平的姑娘，可以通过精心化妆来修饰自己，但更重要的是在工作上、修养上多下工夫，培养内在的素质，增添美的光彩。

老子说过："知人者智，自知者明。"由此可见，能够正确地认识自己的长处和短处，才是走向道德完善的第一步。我们常会看到有些人难以认识、了解自己而觉得自己毫无可取之处而自暴自弃，自轻自贱，甚至破罐子破摔，这对个人的身心健康是极其不利的。

（2）要全面、正确地评价自己　学会对自己的评价要恰到好处，既不要夸大，也不能贬低。骄傲固然不好，妄自菲薄也非常有害，不利于认同自我。每个人都有自己的短处，但更多的是有很多长处，万万不能只看到自己的短处，就全盘否定自己，也不能将短处扩大到自己无法接受的地步，对自己丧失信心。

从认识到认同继而到形成信念，这是一个完整的角色意识的形成过程，也是对教师角色的认同过程和评价过程，也可以看做是从理性到感性再到理性的过程。在这个形成过程中，幼儿教师会通过自己的认识和亲身的体验，将教师的角色期望转化为个体的心理需要，坚信自己对教师职业的认识，并将其看做是自己行为的指导，形成幼儿教师职业特有的自尊心和荣誉感。

（3）要对自己职业有认同感　在人生成长过程中，幼儿的可塑性最强，所以幼儿教师在教育过程中起着非常重要的作用。只有当你真正进入幼儿教师的职业角色之后，才会在实践的锻炼中进一步认同角色需要，并且把它作为自己的一项事业来完成。绝大部分人都必然成为社会人，而社会成员都从事着某一职业，扮演着某一职业角色，个体在认同自己的职业之后，才能实现对自我价值的肯定。作为幼儿教师就需要对自己的职业角色有一定的了解，因为了解幼儿教师的职业角色，有助于幼儿教师更好地承担其社会职责，产生相应的角色意识，表现出更符合教师角色的行为。

幼儿教师一方面要照料幼儿的饮食起居，另外还要发展幼儿的智力和非智力因素，同时培养幼儿的品德和行为习惯。我们一般认为，幼儿教师是幼儿认知和社会性发展的指导者、生活起居的保育者、心理健康的导向者、教育科研的实践者。所以幼儿教师的任务艰巨，对于即将步入这个职业的人来说，要有足够的心理准备。

对一名幼儿教师来说，认同了自我，就已经达到了兴趣、动机、情感的统一。你就会对这份工作有清楚的认识，并会把自己的全部精力投入其中；会对幼儿教育事业产生一种热烈的爱，对幼儿充满了热爱直至对所教学科的热爱。这时，你才真正地认同了职业，认同了自我。

**幼儿园设计总面积要求**

总平面设计要求：

（1）对建筑物、室外游戏场地、绿化用地和杂物院等进行总体布置，做到功能合理，方便管理，朝向适宜，游戏场地日照充足，创造符合幼儿生理、心理特点的环境空间。

（2）室外活动场地必须各班设专用场地。每班的游戏场地面积不应小于60平方米。各班游戏场地之间宜采取分隔措施。

（3）宜布置有集中绿化，并严禁种植有毒、带刺的植物。

（4）在供应区应设置杂物院，并单独设置对外出入口。基地边界及游戏场地、绿化等宜设置安全、美观、通透的围护栏杆。

**二、不断审视环境，认识自我**

1.认识自我

我们每个人在生活中，都要客观理性地认识我们自己，而认识自己有无数的途径和方法，回答也一定是千差万别的。首先，请让我们先抛开那些具体事务，让思想从繁杂的劳动中释放一会儿。有的老师可能会回答："我们每天要从事的工作太繁重了，要解决的事情太多了，哪有时间考虑这些？它离我们太远太空了……"但以下这些问题，适合每一位翻阅本书的人回答：我们，从事了一项什么样的职业？我们，为什么要选择这项职业？我们，具有哪些克服职业困难的意志品质？我们，用什么样的情感、态度面对这项职业？我们，对职业的未来前景是否充满遐想与展望？

在众多的规律和课题中，我们首先必须要明确，我们工作的最终目的是什么？答案是：做好3件事。第一，教会孩子如何生活和做人；第二，教会孩子如何思维；第三，教给孩子文化科学知识并教给他们如何运用的能力。我们每天的工作，实际上就是为了最终能完成这3件事。

教师，可谓是人类最古老的职业，同时也是最崇高的职业之一了。

一个会不断对自己提问的老师，必然是一个善于思考的老师。也许，唯有如此地思考，我们才能明确前进的方向和目标，如同刚加满油的航船，信心十足地驶向目标既定的下一个港湾，一路收获劳动的成果，而不致因看不清方向，在疲惫、困倦中半路折返。

从人类进入文明社会之后，教师就作为一种职业而存在了。这是为什么？因为教育从来都是立国之本，也是立人之本；教育关系到国家的未来、民族的兴旺，关系到人类自身的繁衍和发展。

中华文明古国，有着五千年光辉灿烂的文明史，有着崇尚道德的文化传统。数千年来，教师这项崇高的职业，总是与鲜花和橄榄枝相伴，与尊敬与赞许相伴。在道德文化的传承中，教育起着不可替代的重要作用，而教育又离不开教师。教师工作从表面上看虽然平凡，却是历史上最伟大的事业之一。

2. 我们比以往更需要清醒地认识我们身处的时代

当今时代是国际化的时代，还是一个迅速迈向信息化的时代，一个向市场化转型的时代。全世界的幼教界连通在一起，在同一起跑线上赛跑，融入全球化的人类活动新潮流。在这个教育平台上，幼儿园教育也必然面临着信息化的要求，特别是在素质教育中要对幼儿进行信息素养、信息知识和信息获取、处理以及管理的能力的启蒙教育，通过自主学习、自主性游戏、创新精神和实践能力的培养，提高幼儿社会化的水平，拓展幼儿认知新领域。

教育模式也由被动服从转向主动选择，由求同思维转向求异思维，由习惯模仿转向勇于并善于创新，由随大流转向展示个性，由务虚转向务实、转向以能力中心，由计划决定到通过市场运作，成为幼教界的共识。

需要指出的是，在日新月异的今天，幼儿教师素养的内涵已经发生变化，必定注入浓厚的现代特色，立足于高尚的师德修养基础之上，为此要强调如下的精神要素：

（1）要提倡开拓创新精神　新知识经济时代即将到来，要求幼儿教育的核心任务转移到培养具有创造性思维和创新能力的人才上。显然，创新的精神和创造的素质是我们每个教师都必须具有的。只有这样，才能担当此重任。要敢于冒险，敢为天下先，敢于开拓新的未知领域。

（2）要提倡科学精神　树立正确科学的教育观和科学育人的意识是当代幼儿教师都应具备的，掌握科学的教育手段和技术，按照教育科学的规律教书育人，培养幼儿学科学、用科学的精神。总而言之，要用科学武装和塑造新一代建设者和接班人，而教师自身也应成为"科研型"的教师。

（3）要提倡人道主义精神　新世纪的又一重要课题——重视人文关怀。现代幼儿教育是面向全体适龄儿童的大众化教育，提倡教育机会均等。幼儿教师必须树立人文主义思想，面向全体幼儿，创造适合每一个儿童的教育方式，确保每一个幼儿在园所能愉快地学习，获取知识，个性得到充分的发展。

（4）要提倡民主精神　新时代的幼儿教师是民主建设的促进者。教师需要确立民主意识，教育教学过程中需要加强师生之间民主、平等的合作，培养幼儿的主体意识和民主意识。

3. 在实践中努力使自己向新时代高素养的幼儿教师靠拢

幼儿公共教育是社会实现公共服务目标的具体体现，是社会分工中一种特殊的行业，是孩子们家庭生活和教育的发展与延伸。因此，幼儿教师的工作既是一种职业，更是一种事业，是一种对延续人类文明贡献巨大的崇高的事业。幼儿教师做人的基础是良好的师德素养，是从事幼儿教育职业工作的基础。如何在新世纪的社会实践中，塑造自己成为高素养的幼儿教师，应该是从教者急迫需要回答的问题。

在新的世纪，做一位有良好的师德素养的老师，其中，"厚德"不仅要体现于与时代精神相通的教育理念之中，还要体现于新的社会使命之中。立志于新时代立业发展的教师，应该具有与时代精神相通的教育理念，形成新的教育观、儿童观和教育教学活动观。新时代高素养的幼儿教师应当以厚德育人。幼儿教育中充分体现出人类的道德义务和社会责任，幼儿园教育承担着巨大的社会公共责任，这种责任又具体体现在幼儿教师的一言一行之中，反映出对家庭、对社会的服务功能，对社会进步的责任。

在新的时代，幼儿教师将更加关注自身的发展，把职业性劳动的过程提升到人类最丰富最有价值的社会实践这一层面，人格的起点更高，教师素养的内容更实，做法要新，而且能够充分激发教师产生高层次的需要，形成强大的内驱力；以人文精神和理性为支柱，焕发成长发展的激情和动力。在新的时代，幼儿教师无论从群体还是个人来说，都需要锤炼和发展更强的生存与发展的本领，塑造关爱社会、无私奉献的精神。

小锦囊

**幼儿园设计的建筑要求**

建筑设计要点：

（1）平面布置应功能分区明确、避免相互干扰，方便使用管理，有利于交通疏散。

（2）严禁将幼儿生活用房设置在地下室或半地下室内。

（3）生活用房的室内净高：活动室、寝室、乳儿室不低于2.80米，音体活动室不低于3.60米。

（4）建筑造型及室内设计应符合幼儿的特点。

（5）生活用房应布置在当地最好的日照方位，并满足冬至日底层满窗日照不少于3小时的要求。温暖地区、炎热地区的生活用房应避免朝西，否则应设置遮阳措施。

（6）各房间应满足隔声的要求。

### 三、从三尺讲台到"妈妈"

幼儿是祖国明天的希望，更是未来的栋梁之材。由于幼儿身心发展的特点，幼儿园教师对幼儿的养护、保育，照料他们的生活就成为教育工作中极为重要的部分。老师要以极大的爱心、耐心、细心，照料幼儿的生活起居、饮食睡眠，关心他们的身心健康，促进他们在智力、情感、社会化等方面全面发展。对于幼儿来说，老师首先要像妈妈一样爱护他们。只有在这样温暖的环境里，幼儿才有可能健康的成长。

1. 做一位与众不同的"妈妈"

老师像妈妈，那"妈妈"应具有什么样的特征呢？"世上只有妈妈好，有妈的孩子像个宝……"，由此可见世界上最伟大的爱就是母爱。因为母爱是无私的、不求任何回报的，无选择的，无论俊丑慧愚，都是自己的骨肉。但是母亲爱孩子的基础是血缘、亲情的关系。对于我们教师来说，虽然没有血缘关系，但更要无选择地爱每一个孩子，教师的爱是更加无私的。它要求教师把感性的爱和理性的爱糅和在一起，既要照顾孩子生活的一切，还要爱护孩子幼小的心灵；既要爱可爱的孩子，还要爱有缺点的孩子；既要像妈妈，又要胜似妈妈。爱自己的每一个学生，在没有血缘基础上，这本就不是一件容易做到的事情，但这恰恰又是家长、社会对幼儿园教师的道德要求。只有我们教师在母爱的基础上升华爱的情感，形成一种无私的、无偿的、无选择的"教育爱"，才能真正让孩子感受到母爱。

2. 做一位有亲和力的"妈妈"

儿童是人一生中最有感情的一个年龄阶段。一个满面笑容的教师，所有孩子都能真切感受到，并且都会喜欢。你态度和蔼可亲，笑嘻嘻地对待儿童，儿童也会笑嘻嘻地对待你。态度和蔼，开口常笑，使儿童得到温暖，感到亲切，他就会自然而然地接近你。微笑着面对孩子，孩子才觉得幼儿园是一个真正安全、温馨的地方，真正使身心放松的地方。所以微笑是最有魅力的，它是教师与幼儿之间心灵沟通最自然、最便捷的渠道。只有在愉快的环境中，每一个孩子的才能才都会得到应有的发展。

微笑，不是老师从嘴角和皱纹里挤出来的，更不是装出来的，真正的微笑是发自内心的，它来源于幼儿园教师对一切孩子的真诚的爱。在幼儿园里，微笑是阳光，能照亮每个孩子的心灵，使孩子们感受到教师浓浓的爱意。只有在微笑的环境下，孩子们才会放松，孩子们的情操才能得到陶冶，从而情感得到交流，知识易于理解。

例如，对于年龄小的孩子，老师也要多触摸他们。无论怎样的接触，都是向孩子表达同样的情感：喜爱、接纳和重视，因此，教师应该尽可能多地这样做。让孩子时刻都能感受到你对他的在意和无微不至的爱。

总之，只有当我们将一颗无私的爱心奉献给孩子们，并且发自内心地去呵护他们，以我们的温情去温暖孩子的心灵，孩子们就会自然而然地对教师产生信任和依赖感。

1. 现代幼儿教师应怎样树立正确的学习观？

2. 简述幼儿教师应具备的教学能力与技巧。

3. 如何把职业当成一种乐趣？

# 第五章
## 新时代对高素质幼儿教师的呼唤

了解新时代需要的高素质教师的能力，并且深层领会本章内容，提高自身综合素质。

认知：了解高素质教师的基本含义及基本要素。

理解：在初步了解的基础上，进一步学习并掌握如何成为一名高素质的幼儿教师。

运用：掌握本章内容后，能够在实践中不断改进并提高自身能力，向高素质教师队伍迈近。

\* \* \* \* \* \* \* \* \* \*

## 第一节　做一个有爱心的教师

### 一、爱的力量

首先，爱是一个纽带。

爱是我们整个社会，人与人之间和谐发展的重要纽带。在我们的教师行业中，师爱是人类复杂情感中高尚的结晶，它既有人类关心幼小、爱护稚弱、促进新生一代发展的自然朴素之情，更有对国家、民族的美好未来憧憬和负责的精神。

孔子主张教师对学生要"仁爱"，要"诲人不倦"。由此可见，幼儿教师的爱，是人的一种伟大感情，是指主体同客体之间诚挚而亲密的感情联系。

幼儿园教师的主要工作是对幼儿进行的。教师对幼儿的热爱，对事业的忠诚，都深刻而具体地聚焦在对幼儿的爱护上。因此，教师对孩子的爱，不是教师个人狭隘的感情需要，而是教师对事业的热爱、负责和追求。许多有成就的教育家和优秀教师都非常重视师生关系，把师爱看做是教师的基本美德。著名教育家捷尔任斯基说过："爱，这是一切善良、崇高、力量、温暖、快乐的创造者。"苏霍姆林斯基在《把整个心灵献给孩子》中说："要成为孩子的真正教育者，就要把自己的心奉献给他们。"所以，在整个幼儿园教师道德内容中，热爱幼儿始终处于核心地位，它既是教师崇高品格的自我体现，也是一种强有力的教育力量。

其次，爱是一种需要。

爱是一种需要，得到爱就会感到幸福、安全。孩子们更喜欢得到教师的爱，感受老师的温情，具体来讲，幼儿教师的爱有以下几个方面的重要性：

1. 爱是创造良好教学氛围的基础

有时候，家长在评论一个幼儿园的时候，往往会具体到某位老师是否对自己孩子照顾和有爱心，由此可见，爱是创造良好教学氛围的基础。一位教育家曾说："野蛮产生野蛮，仁爱产生仁爱，这就是真理。"因此，教师有责任用自己无私的爱营造一个良好的育人氛围，让每个孩子都学会爱！爱心是培育儿童美好情感的道德力量。

一个人只有得到爱，才能懂得爱、付出爱。在幼儿园里，幼儿除了家长之外，接触最多的要算老师了。爱别人和被别人爱都是一件愉快的事。幼儿的爱心、同情心、羞耻心，虽然一部分出于天性，而另一部分却需要成人的扶植和培养。所以，幼儿对人与人之间关系的感受，很大程度上受师生关系的影响。当孩子进入幼儿园集体生活之后，在与同伴交往的需要得到满足时，在亲切友好的班级中，相互关心的情感也会自然地得到发展。悦悦小朋友由于在家有爷爷奶奶陪伴，开学初期显得特别胆小、内向、不合群。每次走出教室到户外活动时，管老师总是搀着她的手以防她"掉队"。不久，户外活动的信号一响，就会有孩子主动去搀那个小孩的手带着她走。这样的事情在我们的工作中可能已经屡见不鲜，显而易见孩子们对弱小孩子关心的情感是在老师的榜样影响下自然发展起来的。

2. 爱是师生沟通的桥梁

师生沟通的方式有很多，包括语言沟通，手势沟通，心灵沟通等。教育以师生间心灵沟通为前提，而连接师生间心灵的桥梁是彼此间的爱。师生间的心理交融，是教育活动顺利进行的必要条件，

爱心是教育儿童的情感基础。幼儿的心灵纯洁无暇，像一张洁白的纸，教师的言谈举止，像五彩的颜料，随时都会在这张白纸上留下难以抹去的线条。这些痕迹，有些是教师着意刻画的，有些却是无意中涂抹的。孩子对教师的举动是十分敏感、非常在乎的。

如果教师的态度冷漠的、粗鲁的，孩子便会产生"老师讨厌我、不喜欢我"的情绪，并由此受到伤害，也许她的心灵之窗从此就关闭了；如果教师的态度是亲切的、温柔的，孩子自然会体验到"老师喜欢我"的愉悦，孩子的心也向你敞开。因此，作为教育的主体，教师必须有一颗热爱幼儿的心，这是调整教师和幼儿之间关系的最基本的教师道德规范。只有热爱幼儿，教师才能设身处地地理解幼儿，才有了解幼儿各方面情况的愿望，热情主动地引导和帮助幼儿，真心诚意地尊重幼儿，从而全身心地投入工作，一心扑在孩子的身上。

3. 爱是幼儿身心健康成长的需要

处在幼儿期的孩子是最需要关爱的。孩子所受到的最大的伤害是在不同程度上被剥夺了享受童年的机会。成人社会种种不良现象和消极情绪也在影响着孩子；新闻媒介所披露的诸多恐怖、悲伤和痛苦的事，填充在孩子天真无邪的头脑中；名目繁多的兴趣班、训练班夹杂着家长们望子成龙的希望给了孩子们沉重的负担，凡此种种，都会给孩子心灵笼罩上阴影，对孩子造成巨大的精神压力。

有关幼儿与教师之间关系的大量经验与研究表明，幼儿对于教师怀有不同程度上的依恋心理，并且在某种程度上，幼儿对教师的依恋同他们对父母亲的依恋一样，而这种依赖，正是由于幼儿在外界环境中所受到的种种伤害，这就要求教师必须给予孩子这样一种安全感，

必须付出更多的爱心。

尽管在幼儿园日常的教学生活中，教师的视线和关爱不可能永远只集中在某一个孩子身上，但是在幼儿的内心深处仍然希望与教师建立起密切的关系，希望被老师喜欢、希望得到他们敏感而细心的照料。并且，这些希望的实现与否，直接关系着幼儿日后独立、自尊、乐观向上的完满人格的获得。因而，尽管在教师眼里，幼儿寻求关注与安慰的行为非常简单并且充满着稚气，但是对于幼儿自身的发展来说却是极为重要的。

幼儿的身心健康发展离不开每位教师的精心护理和引导，幼儿园教师的爱心则是幼苗生长的土壤，它在保教活动中起着重要的作用。只有用发自内心的爱心去温暖一株株纤柔的幼苗，这些幼苗才能茁壮成长；用爱心去拨动一根根娇嫩的心弦，才能弹出美妙的乐章。

> 爱因斯坦曾说过："想象力比知识更重要，因为知识是有限的，而想象力概括世界的一切，推动着进步，并且是知识进化的源泉。严格地说，想象力是科学研究中的实在因素。"牛顿因为一个苹果而引发了对地球引力的思考，所以在日常生活中，我们常常可以发现，幼儿的想象力可以超过大人，因此我们每位教师要努力保护和发展幼儿的想象力，争取更多的牛顿的出现。

### 二、如何成为一个有爱心的教师

苏联第一代教育家克鲁普斯卡娅说过：对孩子"光爱还不够，必须善于爱"。由此可见，爱并不是简单地付出，对于各方面正在成长中的幼儿来说，我们教师更要善于把爱付出。那么，幼儿教师如何才能在日常的教学过程中，做一个善于爱的老师呢？下面，我们将从如下几个具体层面上来阐述如何成为一个有爱的老师。

1.学会爱护孩子的自尊心

在人类众多的情感中，自尊心是人们希望别人肯定和重视以及自我肯定的一种积极情感，是不断追求、进取向上的动力，是生活的精神支柱。有了自尊心，才能自我评价、自我监督、自我控制及自我教育；才能自严、自爱、自重，做错了事才能自责。

苏联著名教育家苏霍姆林斯基在他的《要相信孩子》中说："在影响学生的内心世界时，不应挫伤他们心头最敏感的一个角落——人的自尊心。"因此，我们教师要体现对孩子理智而深切的爱，就应时时处处注意保护孩子的自尊心，多赞扬、鼓励孩子，发展孩子的自尊感和自信心，为幼儿的健康人格打基础。这不仅是教师爱的体现，更是一种爱的艺术。

就如孩子尿裤子在幼儿园是屡见不鲜的事，然而不同的老师却有不同的处理方法，有的老师会耐心地帮孩子换洗，但一定不会忘了教育孩子"下次想小便记得要去卫生间或者告诉老师"；有些老师是看在眼里急在嘴上："这么大的人了还尿裤子，羞不羞啊？"当然，当众责备孩子的老师也不乏其人。但有些老师却以"出汗了"为理由帮助孩子解围。这种处理方法，值得我们每一位教师反思，我们在处理这些问题时，有没有考虑孩子的感受？有没有注意保护孩子的自尊心呢？只有当我们以心相换，站在孩子的角度去想问题，才能真正意义上做到爱护孩子的自尊心。

### 2. 学会尊重孩子

1989年11月20日，联合国大会一致通过了一份《儿童权利公约》，这是一个划时代的文件，其中一项重要原则就是要尊重儿童。根据《公约》精神，我们可以总结为：尊重儿童，就是要尊重儿童的权利，尊重儿童的个性，尊重儿童的人格。

幼儿教师的"善于爱"，首先应体现在"尊重孩子"上。幼儿园的孩子虽然还小，处处充满了稚气，但他们都是独立的人，他们有思想、有情感、有意志，更有他们应该享有的权利。

首先，应该充分认识到儿童的个体性。

一位教育家指出："必须帮助幼儿自己做事，自己决定活动内容，自己选择玩具等，使幼儿感到自己是独立的个体，他们才能变得更加自信，更为努力。"幼儿是一个与他人不同的独特的个体，他们在发展水平和发展速度等方面存在诸多差异，教师应该尊重这种差异。同时，儿童是自身学习与发展的真正主体，以孩子的主动参与来促进发展是更深层次上的尊重儿童。我们不仅要把儿童看成是一个学习者，更应该认识到他们有着丰富的内心世界、独立的人格尊严和巨大的发展潜能，他们有许多不同于成人的特点和需要，他们需要我们的尊重、关心和爱护，这是对教师道德的重要要求。

其次，要遵循幼儿发展规律。

教师在工作过程中要把幼儿看做是与自己平等的人，尊重幼儿的意见。幼儿已具有独立性的心理需求，他们想从自己的视角按自己的愿望来认识世界、感知世界。所以尊重幼儿，就是要遵循幼儿身心发展的规律，把幼儿看做是一个发展中的有独立意识、独立人格的个体。教师在教学过程中体现出来的理解、尊重，幼儿感知到之后心理需求就会得到满足，身心和智能就可能得到发展。

例如：在班级管理中，让幼儿也参与进来共同制定班级的常规；在班级开班务会时，让孩子们发表自己的见解，和老师一起讨论；在郊游活动中，让孩子自己讨论协商所要准备的材料等等。培养幼儿参与意识、独立思考问题的习惯，使幼儿相信他们自己的能力，从取得成绩中享受成功和创造的欢乐，获得情感体验，使自尊心向高层次发展，最后使幼儿不仅获得"平等相待"的满足感和亲切感，而且还获得荣誉感和自豪感。从而身心得到全面的发展。

### 3. 用诚意打动孩子

在教学过程中，全身心与孩子接触等于告诉他们：我和你们在一起很重要，也很快乐。孩子们由此也会得出结论：我很可爱，也很乖，所以老师喜欢我，所以我要更乖，更可爱，老师就会更喜欢我。由此，一个良性循环的教学目的就达到了。不需言语，孩子就会感受到自己受尊重，自己有价值，自信心会逐步形成。

真正的接触，是与孩子在一起时亲密无间，爱护并尊重孩子的个性，使他们感到坦然自若。所以与孩子真正的接触在于老师是否自然、直接、专一地与孩子想到一起，做到一起。例如在工作中，即使我们的事情再多，也要尽量多的与每一位孩子接触，以平等欣赏的态度聊天、游戏，积极参与孩子们的活动，并与孩子融洽无间，热烈真诚地解答孩子们的提问，只有这样，孩子们才能真正体验到老师深切的爱。

### 4. 正确引导孩子做爱做的事

幼儿也是社会的一个个体，所以我们教师要尊重儿童的精神所需，他（她）不仅有受教育的权利，而且享有休息、游戏和娱乐的权利。幼儿的兴趣根源于幼儿的需要，在需要的基础上产生某种意识倾向。随着幼儿年龄增长，以及自我意识的不断提高，满足自身的兴趣越来越成为其重要的精神需要，满足这些需要也是幼儿应该享有的权利。

首先，要尊重幼儿独特的兴趣。

幼儿是一个独立发展的个体，他（她）的兴趣也带有浓厚的个人色彩，有的孩子喜欢音乐，有的孩子喜欢绘画，有的孩子喜欢运动。教师要了解孩子的兴趣，并根据每个幼儿不同的特点，提供适当的空间让幼儿展示自己的兴趣，发展自己的兴趣，而不应强求一律，同步发展。否则，就抹杀了孩子的个性。

其次，要尊重幼儿游戏的兴趣。

游戏是幼儿的生活，没有一个孩子不喜欢游戏，因为游戏是这个年龄段孩子的成长需要。但在许多老师的潜意识里，总觉得游戏是可有可无的，而"学习"应该比"玩"重要得多，所以就是现在，在不少地方还存在着"重上课、轻游戏"的现象。殊不知，儿童只有在游戏中，在与周围环境的交互作用中，才会形成能力，幼儿的游戏就是学习，学习就是游戏。我们应该牢记，童年时最需要受到承认和尊重的，就是游戏的权利。只有尊重儿童游戏的愿望，才算是真正意义上的爱孩子。

5. 蹲下来和孩子说话

有一位企业家，由于平时在公司是以管理者的身份管理公司，回到家，无法转换身份，就经常在许多事情上不理解自己幼儿园的孩子，有一天，他蹲下身来与孩子交谈，无意中从孩子的视角看去，原来孩子所看到的事物是如此的与成人不同。从此他改变了思维方式，尽量站在孩子的角度思考问题，结果父子关系变得十分融洽。而且他在日常工作中也带着这种角度去思考问题，结果发现原来有些难题竟然如此简单地就可以解决。

真正尊重孩子、热爱孩子、引导孩子，那么孩子心灵的田园就会始终阳光灿烂、鸟语花香，孩子的个性的幼苗才能茁壮成长，直至枝繁叶茂！我们常常忽略了儿童作为一个与我们完全平等的独立个体的尊严，我们也就习惯了高高在上，从而导致我们和孩子之间的隔阂。但愿我们所有的"大人"们都能放下架子，蹲下自己的身躯，尊重他们的喜好和特长，尽量满足他们的合理愿望和要求。

让我们用"心"去理解孩子，用"行"去尊重孩子。只有这样，我们才能真正走进孩子的心灵世界，我们的幼儿园才能真正成为孩子自由成长的乐园。

**三、用心付出，爱每个孩子**

如同太阳使地球上所有的人都沐浴着同样的光辉一样，教师也应该把爱的阳光撒向每一个孩子。让每个孩子在爱的阳光沐浴下走好人生第一步。

1. 在平等中爱每个孩子

作为幼儿教师，要尊重热爱每一名幼儿，特别是那些丑、脏、笨和没有金钱权势背景及缺点多的孩子，在幼儿园中，神圣的师爱是广博的，是真正意义上的"博爱"，教师要爱每个孩子，首先应体现为对每个孩子的爱是平等的。

首先，这是由幼儿发展的客观因素决定的。

一方面，我们应该认识到，每个孩子都有自己的个性和优点。从人才培养的角度看，也应当允许一部分孩子发展自己的兴趣爱好，通过教师的努力，使幼儿的个性得到比较充分的发展，让人人都成为有用之才。在实际工作中，老师要让爱的阳光温暖每个孩子的心灵，首先要学会欣赏每一个孩子，让每个孩子头上都有蓝天，切不可武断地将孩子分成三六九等。

其次，这是由幼儿的心理渴求决定的。

在一个优秀教师的眼中，孩子没有好坏之分，只有特点不同，教师要信任孩子，注意观察孩子，善于挖掘他们身上的闪光点，帮助他们明白自身的长处，让每个孩子在自信和快乐中成长。另一方面，我们还应该认识到，每个幼儿都渴望从教师那里得到爱的温暖。在工作中我们常常发现这样的现象：教师在平时帮一个孩子整理衣服，其他孩子也争着要老师整理衣服；教师亲切地帮一位女孩梳理辫子，过不了两天，就会有家长来反映自己的孩子也吵着要留辫子；有时老师流露出对某一幼儿某方面成绩的赞许，就会很快发现许多幼儿纷纷仿效……这一切不正说明了每个孩子对教师爱的渴求吗？哪怕是教师无意中流露出的一句关怀、鼓励的语言、一个微妙的表情、一个细小的动作，也会使幼儿受到莫大的鼓舞，感到无限的快乐。

2. 克服偏爱

首先，如何会产生偏爱？

我们提出爱孩子，但绝不是提倡偏爱某个孩子。所以爱孩子要注意克服偏爱的倾向，杜绝偏爱的现象。著名的精神分析大师阿德勒指出："孩子的丧气几乎都是因为他觉得另一个孩子比较受偏爱所引起的。"但从一份对国内幼儿园有关调查显示，目前很多幼儿园或多或少地存在着教师偏爱的行为，其大致原因可以归结为以下3点：

① 有的幼儿是自己身边同事或同事亲友的子女，或有其他利益关系的朋友子女，所以给予"特殊照顾"。

② 有些幼儿聪明、可爱、听话、乖巧，教师对他们也是亲昵、喜欢……凡此种种现象，往往使我们的教育产生了偏差，更严重的是损伤了其他孩子们的心灵。

③ 某些"聪明"的家长为了自己的孩子在幼儿园中多一些老师的照顾，所以适时给教师一些"好处"，他们的孩子也就得到教师的喜欢和欢迎。偏爱对幼儿最大的危害是挫伤他们幼小而脆弱的自尊心和自信心，使其产生自卑心理，造成人格上的扭曲。同时，偏爱又是一种畸形的爱，那些被偏爱、宠爱的幼儿处于优越的环境中容易形成任性、自私、自负、依赖、缺乏有爱心和不诚实的消极人格。所以往往最后聪明反被聪明误。

其次，如何避免教学中的偏爱？

俄罗斯有句谚语："漂亮的孩子人人爱，爱难看的孩子才是真正的爱。"的确，要热爱、关心、爱护个别孩子或者部分孩子容易做到，但要热爱、关心、爱护全体孩子则是不容易做到的。这就需要教师从职业道德的角度出发，从抓住每个孩子的特点入手，关心特殊需要的孩子，切不可偏爱个别或某些幼儿。让他们多少年以后回想起幼儿园生活时，都能自豪地说："老师爱我，我也爱老师！"因此，我们教师应不断树立正确的教育观、儿童观，应在实际工作中不断反思自己的言行举止，应该自觉摈弃偏爱行为，把神圣的师爱播撒到每个幼儿的心里去。

3. 不同的爱，给不同的孩子

并不是说，因为要避免偏爱，所以我们对于每个孩子的爱都应该是一样的。事实上，这也是不对的。不同的孩子往往有不同需要的爱，就是同一个孩子在不同的时刻不同的场合，也会萌生不同的需要。所以我们应该怀着"具体问题具体分析"的一种客观态度去给予不同的孩子以不同的爱。

有的小朋友是单亲家庭；有的小朋友是在爷爷奶奶身边长大的；有的小朋友精力旺盛，调皮捣蛋；有的小朋友长得漂亮，小嘴又甜，惹人喜爱；有的小朋友喜欢孤立自己以引起老师注意；有的小朋友活泼开朗，各方面的能力很强，非常引入注目；有的小朋友性格内向，胆小怕羞；有的干脆就是处处不如人的"丑小鸭"。对于不同的孩子，爱的方式、爱的表示程度就应有所不同。如对于胆小的孩子，要经常给他（她）创造机会，让他（她）积极展示自己；对于性格内向的孩子老师可以利用各种机会和他（她）交谈，给他（她）一些特殊的爱；对于身体残缺、相貌难看的儿童，应给予他们更多的照顾和关切。

只有在日常教学中，全身心把自己的爱投入到孩子的身上，你才会明白每个不同的孩子需要不同的爱，这就对我们老师的职业素质提出了更高的标准。

### 四、做快乐的孩子王

1. 保持愉悦的心境

首先，从自身做起，学会保持好状态。

一个好的环境，会影响人的一生。今天，我们越来越强调要关注孩子的幸福和快乐。作为一个社会中的人，幼儿教师自身的幸福与快乐也应受到重视。教师的情绪状态、心理调整状况会直接影响工作的效果。教师生活在社会中，面对纷繁复杂的种种情况，难免会有不愉快的时候；幼教工作细致繁琐，没有可以忽视的细节；教育改革的深化，对教师的要求越来越高。试想，一个总是在压力下工作的老师，又怎能有主动性、创造性可言呢？如果我们不努力去营造一份好的心境，恐怕只会感到压力越来越大，甚至有些力不从心。当然，要真正让教师享受职业的幸福与快乐，需要多方面的努力。但就教师而言，首先应从自身做起，学会享受职业的幸福与快乐，学会从工作中获取成功与满足。其实，快乐与幸福就在我们的身边。

其次，把好心境带到教学中去。

（1）孩子需要好心境　一位哲人说道："站在这个角度看生活，是面临万丈深渊；换一种角度去看生活，你的眼前又会充满阳光。"教师要以平和的心态去理解幼儿、宽容孩子，创造宽松、和谐的精神氛围。幼儿由于自身经验不足，自控能力较差，常常会犯"错误"而搞得老师心烦意乱。在孩子面前少一些烦恼，多一些思考。当你对孩子们绽放一个笑容时，你会发现换回的是几十张灿烂的笑脸，换一种心情带班，我们会感到轻松。孩子的快乐将是教师最好的回报。

（2）和孩子互换好心境　我们常说，快乐能互相感染。好心境其实也是可以互换的。当教师觉得眼中的孩子都很可爱时，教师爱孩子的情绪也会油然而生；当教师觉得眼中的孩子在不断进步时，教师才会更有自信。长时间和孩子在一起，教师有时会不自觉地以一种居高临下的眼光看孩子。换句话说，教师常常会把目光盯在孩子的"毛病"上，不是看张三不顺眼，就是看李四的缺点。教师总是用这种眼光看孩子，其结果必定会影响自身的情绪，产生许多烦恼。如果换一种欣赏的眼光看孩子，老师就会获得一份份惊喜。

（3）与孩子快乐交往　用真诚的友谊来换取孩子的友谊，用一颗童心来理解孩子的心：当孩子快乐时，我们能够分享他们的快乐；当孩子苦恼时，我们能够设身处地地理解他们的苦恼。老师常习惯于带领孩子们做这做那，交往中命令的口气居多。这就使孩子对老师尊敬的同时，也多了几分畏惧，使师生之间的关系变得紧张起来。所以，我们要用自己的好心情去影响孩子，感染孩子，让师生关系变得更加紧密，更加融洽。

以此类推，如果我们换一种方式与孩子交往，相信孩子的能力，以平等的态度和孩子交往，和孩子打成一片，与孩子共同成长，就会发现幸福和快乐就在自己身边。每个老师都将是一个快乐的孩子王。

2. 保持一颗童心

苏霍姆林斯基说："在寻找童年这座神话之宫的入口的时候，我总认为有必要在某种程度上使自己变成一个孩子。只有在这种情况下，孩子们才不会把你看做一个监护这个世界的看守人——一个对这个世界发生的事漠不关心的人。"

首先，理解童心的重要性。

如果说幼儿的童心是一种天真执著的纯净，那么教师的童心则是一种教育的智慧，一种理性的自觉，一种返朴归真的本性。有了童心，才能和孩子打成一片，成为他们中的一员，才能和他们一起唱、一起跳、一起哭、一起笑；教师有了童心才能使自己变得年轻，变得活泼，使教学充满了童趣；有了童心，才能走进孩子，理解孩子，体谅孩子；有了童心，才能想孩子所想；有童心的老师还要像孩子一样心里装满了问号，眼里充满了好奇。没有孩子似的好奇，就不会有任何发现，就不会有任何爱好，就不会有什么执著的追求。好奇，尽管不意味着成功，但它是一切成功的起点。正如亚里士多德所说：思维是从惊奇开始的。

其次，如何运用童心的力量。

著名教育家陈鹤琴先生说过："如果你要了解儿童的个性和兴趣，明了儿童的能力和情感，自己一定要参加到儿童的队伍里去。"由此可见，如何运用教师的童心，也同样是一门重要的课程，也是教师个人素质中需要提高的。幼儿园教师在奉献出一颗赤诚的爱心的同时，还应以不泯的童心去架设通向幼儿心灵的桥梁。陶行知先生说："一个人不懂得小孩的心理、小孩的问题、小孩的愿望、小孩的脾气，如何解救小孩？如何能知道小孩的力量？而让他们发挥小小的创造力？"所以，教师要提高自己与幼儿交往的能力，就必须下决心做个真正的孩子王，跟孩子们一起玩，一起说悄悄话，怀着一颗童心。

教师怀有一颗童心并善于运用，是与幼儿交往并进行心灵沟通的最好桥梁。时时处处从孩子的角度思考问题，认识问题，亲身体察孩子们的内心世界，达到心灵上的接触，情感上的交流。我们爱幼儿，生活在他们之中，就会融于其间，完全变成一个孩子。做一个真正意义上的孩子王。

小摘囊

### 美国幼儿园的结构

美国幼儿园的教室一般可以分成以下几个不同的学习区域：积木角、家庭角、桌面玩具角、艺术角、科学角、图书角。这些领域也可用来进行集体活动。如音乐和运动活动、讲故事和班级会议等。最近，有的幼儿园还增加了计算机和烹调角。

各个领域用不同的家具分隔开来。这样便于儿童清楚地选择活动区。与此同时，教师可纵观全局，心中有数。

热闹的地方和安静的地方被分隔开来，交通要道被用来减少注意力的分散。

在美国的幼儿园里，材料是摆在矮的架子上的，这样儿童能够轻易地拿到它们。架子上有标签，干净、不杂乱，这样材料就很容易被看见、被选择、被取放。

同样的材料放在一起，可以教孩子分类，并把东西按序摆放。

每一个领域的材料都很多，以满足不同儿童的不同需要。

不同的材料训练不同的感官，提供不同经验。

各活动区的玩具架摆放整齐，分类清楚，幼儿很容易就能找到所需的物品，不会为找不到所需的物品感到不安。

幼儿的美术作品贴在艺术角，与他们的水平视线高度一致，这会使幼儿感到他们的作品受到重视。

教室的图书角温馨舒适，使他们能坐下来阅读或休息。

各活动区的材料足够，以减少幼儿之间的争吵。

幼儿三三两两地在一个活动区活动，可以帮助他们学会如何相处，彼此信任。

## 第二节　做一个会创新的老师

### 一、正确认识创造能力，培养教师创新意识

陶行知说："人人是创造之人。"由此可见，"创造"二字并不神秘，关键在于我们如何把自己的创造力解放出来。不断地向自己的智慧、人格、能力发出挑战，成为推动自身学习、思考、探索、创造的不息动力，给自己的生命增添发现、成功的快乐，生命和才智也能在为事业奉献的过程中获得更新和发展。

1.创造能力的结构分析

"什么是创造能力？我有创造力吗？"常有教师会这样发问。

关于创造力的结构，美国心理学家吉尔福特的研究最为著名。根据他的研究，提出了能力结构的三维模式，即操作、内容和结果。其中，操作方式是认知、记忆、发散思维、会聚思维及评价，成果主要是单元、类别、关系、转换及寓意，内容为图形、符号、语意、行为。创造力最常用的操作方式是发散性思维。

吉尔福特还提出了发散性思维的3种特性，即流畅性、变通性和精致性。

●流畅性，即产生观念多少的能力，包括考虑许多可能的构想和回答。

●变通性，即以不同的分类或方式去思考，从某一思想列车转换到另一思想列车的能力，或者是以一种不同的新方式去看某一个问题。

●精致性，即一种补充概念，在原来的构想或基本观念上再加上新观念，增加有趣的细节和组成相关概念群的能力。

而独创力是指反应的独特性，包括想出别人所想不出来东西的能力。

2.如何发现自己的创造能力

根据科学家研究结果表明：创造力是每个在心理上健康的人都具有的一种普通的心理能力。由此可见，创造能力并不像我们想象中的那么神秘，我们每个人都能表现出一定的创造力。

对我们来说，重要的是把自己的创造力解放出来。长期以来，一提到创造，人们就习惯于将它与了不起的发明创造相等同，将其与"神童""天才"画等号。其实人们在创造力上的差别仅仅在于高低，而不在于"有"或"无"。然而这种认识导致的直接后果是我们许多人以为自己是凡人，以致抑制了自己创造力的发挥和施展。我们在幼儿园开展创造教育也并不是为了将每一个幼儿都培育成发明家，而是把目标定位在基础性上。所谓"基础性"，就

是以培养幼儿的基础创造素质为主，因此首先必须打破神秘感，在师生的头脑中确立这样的观念："人人是创造之人。"

3. 如何提高自己的创造能力

一个人能否有所创造，从某种意义上来说，取决于他是否有创新意识。一位哲人说："一个新的想法是旧的成分的新组合。"打比方说：所有的音乐都是以未超过12种音调的方式构成的，所有的画都是以3种原色的方式构成的，但其组合方式却千姿百态，最后就有了我们日常生活中所欣赏到的美妙音乐和多彩的画作。可以说，不迷信，不守旧，敢于异想天开，精于新的组合，善于独辟蹊径，这是几乎所有成功人士共同的心理特征和思想品质。这也是"创造"的奥秘所在。

教师的创新能力主要表现在能积极地学习和钻研教育理论。教师要从平时的教育现象中发现有价值的新问题，能从理论与实际结合的角度确定自己的研究专题，并能持之以恒地与同事们一道合作探索研究，还能运用现代信息技术手段从各种信息渠道获取教育信息等方面。同时能够产生不同寻常的反应，提出各种聪明的主意，产生不同凡响的结果；能够修饰已有观点，扩变原来简单的主意或要素，使其更趋完善；延伸事物的外延或自己的看法。创造型教师应具备创造性素质，既要有多元化、合理的知识结构，如现代教育论、创造力的原理和方法、现代教学技术和手段、科学方法论，以及"博"与"专"相统一的科技知识、文学知识、文体活动知识等等，又要有创造性的心理品质。这种心理品质包括流畅性思维、变通性思维，能够提出不同意见，变换类别，富有迂回变化的思路。

4. 解放创新意识的意义

创新意识促使每一个已经选择当教师的人和可能选择当教师的人都去思考这些问题：你是否看到教师职业给人带来的内在尊严？你的职业劳动质量是否已达到了因创造而获得内在尊严与欢乐的水平？这些问题，必将唤起幼儿教师反思和重建自己的教师职业意识和职业行为，使自己成为自觉创造教师职业生命和职业内在尊严的主体。

马克思曾提出了一种新的择业立场，这对作为社会主体的我们可以做出自主择业的今天尤其珍贵。如果没有以上这种反思和重建，即使社会提出了对教师劳动创造性的新的时代要求，这种创造性也不会自动地、自然而然地成为教师群体和每位教师的内在需要和实践。只有深刻认识这一点，幼儿教师才是一位名副其实的"自由人"。他们的生命才会向着无限可能性的生活开放，他们的每一天，在创造人类文明的同时，也创造着自己的生命。

●创新意识解放了幼儿教师的头脑。它把幼儿教师的头脑从成见、曲解、迷信、幻想中解放出来，使幼儿的创造力得以很好地发挥，我们需要的就是这一类老师。解放头脑，用我们现在的话来说，就是解放思想，这是发挥创造力的重要前提。

●创新意识解放了幼儿教师的嘴。著名教育家陶行知曾写过这样一首诗："发明千千万，起点是一问。禽兽不如人，过在不会问。智者问得巧，愚者问得笨。人力胜天工，只在每事问。"幼儿教师有问题就勇于向别人请教，从问题的求解中，增进自身的知识，发展其思维理解能力。

●创新意识解放了幼儿教师的眼。他们尊重事实，实事求是，发现了真正的问题，并认真加以思考，使思维活跃，发展了自己潜在的创造力。幼儿教师是敲碎了有色眼镜去看事实的。

●创新意识解放了教师的双手。现在，我们倡导幼儿手脑并用，要求幼儿教师经常以爱迪生、瓦特等发明家成长的实例来告诫自己，真正把自己的双手从旧观念中解放出来。传统教育使幼儿生活在清规戒律中，"不许动手，动手要打手心"的训斥，常常回荡在旧时的幼稚园中，摧残着幼儿的创造力。

● 创新意识解放了幼儿教师的时间。创新需要思考，思考需要时间。美籍犹太人凯乐博士对日本人的高节奏工作就不以为然，他说："一个人成天在街上奔走，或整天忙于做某一件事……没有一点空闲的时间供他去思考，怎么会有新的创见？"因此，幼儿教师如能摆脱"超负荷工作制"，每天都用一段时间去进行思考、探索，以求得创新的构想，那么，创新就不是一句空话了。

● 创新意识解放了幼儿教师的空间。陶行知先生说："创造需要广博的基础。解放了空间，才能收集丰富的材料，扩大认识的眼界，以发挥其内在之创造力。"幼儿教师通过去接触大自然中的花草、树木、青山、绿水、日月、星辰，以及大社会，自由地对宇宙发问，与万物为友，并且向古今中外之三百六十行学习，为发展创造力打下了扎实的基础。

在当今中国，幼儿教师完全有可能成为富有时代精神和创造活动的人，因为这项工作所面对的是成长中的、充满生命活力的幼儿。教师若把对人的培养，而不是把传递知识看做是教育的终极目标，那么，工作就会真正成为教师的一项终生事业。

**二、创造一个心理自由和安全的幼儿园环境**

幼儿园的教育内容是全面的、启蒙性的。心理学家罗杰斯认为，"心理自由"和"心理安全"是产生创新意识的两个最重要的条件，幼儿的心情轻松愉快，无压抑感，他们在与周围环境的不断交互作用中，容易形成创新意识。那么，一个心理自由和安全的环境应该是什么样的呢？

1. 创造一个心理自由的客观环境

由于幼儿的游戏活动、创新活动，都是在一定的物质环境中进行的，它是创新型教育的基础和源泉。

幼儿园硬件教育环境是重要的教育资源之一。幼儿园的基本设施、教学空间、活动材料和常规要求等，应符合引发、支持幼儿的游戏和各种探索活动的相互条件，才利于引发、支持幼儿与周围环境之间积极的相互作用。

首先教师要善于在有限的条件内，尽可能地创设创新教育的物质环境。

在创设物质环境中，首先要建立明确的目标体系，根据目标确立相应的区域。第二是提供玩具材料，材料摆放合理，便于幼儿取放、自由操作；活动区设置内容要全面，在空间上分隔要合理，材料提供具有层次性，满足不同水平幼儿的需要，材料的摆放要便于操作。

如果一相情愿地要求幼儿服从、听话，幼儿只能消极地顺从，被动地接受。久而久之，幼儿就会习惯听从他人，人云亦云，根本无从谈起创造性思维的心态；同时在宽松的环境里，幼儿自由度大，顾忌少，幼儿可以充分地联想、交流和表现，有利于创造性思维心态的形成。禁令和约束不仅会约束孩子的头脑（必要的禁令和约束也是必不可少的），也会束缚孩子的手脚，在这样的环境里，幼儿循规蹈矩，其心态必然是瞻前顾后，小心翼翼。

其次幼儿园要创设开放的、多元的物质环境。

单调的环境，不可能激发幼儿的创造思维；倾向于集中的氛围，也难以使幼儿产生创造思维。创造思维的温床是丰富多彩、富有启发性、具有开放性的环境。这样的环境，才能促使幼儿展开想象的翅膀，无拘无束地动脑、动手、动口，积极地去想、去做。

多元的物质环境能让幼儿了解各种不同的概念、观点和接触各种不同的材料、工具，以帮助幼儿敏锐地感受和理解周围的世界，允许幼儿操作各种玩具、工具，翻阅图书等，让他们在与物体的交往中获得多种信息，孩子头脑中储存的信息多了，就自然会有新的信息创造出来。环境的可变化性对激发幼儿的创造性是十分必要的，因为只有变化才能引起幼儿的注意。因此，教师要不断改变环境布置、活动材料、活动内容、活动场所、活动方式，活动材料的丰富与多变对激发和促进幼儿创造性的发展尤其重要。变化或许就是创造，因为变化本身孕育着创造。

总之，培养幼儿创新意识是受许多因素影响的，创设良好的物质环境和创新教育的心理环境相结合，才能更好地给幼儿创造一个心理自由的客观环境，从而激发幼儿的创新意识、创新能力，在充满情趣的乐园中，创造出生活的新意境。

2. 创造一个心理安全的教师环境

著名心理学家托兰斯说："我们要促进创造力，就需要提供一个友善的和有奖赏的环境，以便使之在其中繁荣发展。"宽松的氛围，同样易于激发教师的创造力，使教师的生活充满情趣，工作也充满活力。紧张、高压力的环境中是少有创造性的，更不可能促发教师的创造冲动。因此，幼儿园的管理者应该为广大教师创设宽松的环境，使人人有发表看法的机会，人人有参与活动的权利，人人有展示自我的意识。只有为教师提供宽松的氛围和环境，放手让教师在工作中积极探索，才能激发出无穷的创造力。

（1）领导要以身作则，充分发挥教师创造性　作为幼儿园领导要以自己对创造教育的态度和实施教育的行动去带动教师的创造，就必须首先自己成为创造性的领导，这样才有说服力，才有推动力。园领导在教科研活动中，要以身作则，深入教科研的第一线，做出成绩，用自己优秀的教科研成绩作为教师的表率。遇到全园性的重大活动，园领导要与教师们一起构思、策划活动的方案，共同参与活动过程，为教师提供表现创造力的舞台。在日常工作中，园领导也要有正确的教育观，在课程设置、幼儿活动安排上，给教师留有余地，让教师能根据教学活动的实际情况，灵活地组织教学，以利于教师更好地发挥创造力，从而使孩子的创造力也得到发展。

幼儿教师是一个年轻的团队，其中大部分教师都很年轻，很少有保守思想，容易接受新思想，善于发现新问题，勇于创造新事物。幼儿园虽然是一个不大的单位，但麻雀虽小，五脏俱全，工作十分繁琐。因此，园长可以利用教师的特长，将各项工作分配给每一位教师，同时又对每位教师的工作经常加以关心和鼓励。例如：有的教师有美术特长，就请他负责幼儿园的宣传工作；有的教师比较细心，就请他做幼儿园的出纳；有的教师擅长与人交往，就请他负责幼儿园的家长工作；有的教师电脑方面比较专长，就请他负责幼儿园的电教工作；有的教师比较负责，就请他负责幼儿园的仓库工作。园长对每一位教师给予信任和鼓励，并放手让教师在各自分管的工作中运用自己的头脑，进行创造性的劳动。

（2）幼儿教师要善于创设创新教育的社会心理环境　幼儿创新意识培养受很多主观和客观因素影响，心理因素是其中的一个主要因素。心理环境作为一种隐性的教育因素，对幼儿影响最大的、最直接的是教师创造的心理氛围。教师的一句话、一个动作、一种表情、一个眼神都会对幼儿产生消极的或积极的暗示作用。因此，教师要培养幼儿的创新意识，必须注意为幼儿创设良好的心理环境。创新教育是一个实践的过程，创新教育渗透于幼儿一日活动之中，渗透在教师的一言一行之中。创新教育不单是幼儿园、教师的事，也是家长和整个社会的事。

（3）为幼儿创设心理安全和自由的环境　教师对幼儿的评价一定要慎重，要尽可能降低幼儿的焦虑程度。幼儿只有感到自己生活在一个远离伤害，充满温暖的环境，心理上才会产生安全感，知道什么行为是老师所希望的，知道老师是非常爱他们，理解和尊重他们，没有恐惧和不安，进而产生高度的心理自由和轻松愉快感，并在活动中迸发出更多的能量和创造性。可以说，有安全感和自由感的幼儿，才可能成为具有创造性的幼儿。教师要尽量创设机会，引导幼儿发挥想象，参与讨论，作出评价。总之，只有让幼儿大胆表达自己的意见和想法，鼓励他们尽情想象，才能让幼儿做出与众不同的言行，充分发挥其个性特点。

（4）淡化教师的权威意识，尽可能减少对幼儿的直接批评　对幼儿的评价要客观、公正，并以正面激励为主，尽可能避免消极的谴责性的评价，以免使幼儿产生不良情绪，导致不良心理。为此，教师要少对幼儿说"不"。"不"字当头，容易产生消极的环境气氛，处在这种气氛中的幼儿，心理就会紧张不安，焦虑程度就会提高，活动的积极性、主动性就会受到抑制。

在条件允许的情况下，教师要尽可能地相信幼儿，尊重幼儿，和孩子们做朋友，只有教师对幼儿始终保持积极、鼓励、赞许的态度，才能引导幼儿敢想、敢为，极大地发挥潜能。有时，孩子会突然做一些超越现实想法的事情，教师切不可以成人的标准去衡量而横加指责，而应敏锐地捕捉其创造性思维的"闪光点"，并加以有效的引导，使孩子在宽松的氛围中大胆想象。幼儿想象大胆，好奇心强，在他们充满童真和稚气的想法中，都隐藏着创造性的特质，教师要及时地发现，精心地培育。

在幼儿园中，幼儿教师既是创新活动的导演、演员，也是幼儿创新智慧的培育者、指导者。只有幼儿教师通过努力创设创新的环境，构建高素养教师的精神乐园，才能把幼儿园创造成一个幼儿的乐园，创新的乐园，也是广大幼儿教师的精神乐园。情趣园里可耕田，播种创造的种子，收获快乐的果实。新世纪幼儿园在推进素质教育过程中，将全面提升教师的创新素养，全面发展教师的创新能力。

## 幼儿园的组成

幼儿园用房一般包括：

（1）儿童活动的室内部分，一般包括活动单元，即活动室、卧室、卫生间（厕所、盥洗、洗浴）、贮藏及衣帽等，全园大活动室（全园或几班共同活动室，雨雪天作室内操练、音乐舞蹈大教室）。

其中儿童的大部分活动内容在活动室进行，内容的多样性要求室内家具可以有多种组合方式，并要求所创造的建筑空间为这种多变提供可能，最常见的是正方形和矩形，此外还有不规则形、图形等。此外卧室也是重要的组成部分，儿童白天有3小时的睡眠，要求安静、不直接吹风，睡眠时不需要阳光，平时需阳光照射及通风换气。活动室与卧室可平面相结，也可上下相连。

2.医务管理用房，主要有医疗保健、病儿隔离室、晨检、管理及教师办公室、会议室。

3.后勤用房，主要有厨房、烧水和消毒、洗衣、木工等。

4.儿童活动室外部分，主要有每班活动场地、全园活动场地（大操场，对所有儿童开放，采用草地，此外有戏水池、滑梯、平衡木）和种植园等。

### 三、从兴趣爱好中提高幼儿创新能力

正如有的教育家所说，个体中的兴趣和动机是使人们从事创造性活动的内驱力。因此，我们要充分发挥幼儿的这种内驱力来提高其创新能力。下面，我们将详细介绍如何从兴趣爱好中提高幼儿的创新能力

1. 兴趣可以锻炼幼儿的想象力

长期以来，人们常把自己的希望强加给孩子，施加过多的压力，这样反而抹杀了孩子的创造性，以致抑制了孩子创新力的施展，所以我们要提倡不一味强求孩子，而要扬长避短。

每个幼儿都有其某一方面的兴趣，教师要抓住孩子的兴趣，充分发挥孩子们的想像力、创新力。不要一味地以成人的眼光来要求孩子达到一定的水准。要充分发挥幼儿的特长，抓住时机进行创新教育，便能收到事半功倍的效果，反之一刀切的教育，只能抹杀幼儿的创造性。

如何充分利用幼儿的这些兴趣，促进幼儿创新能量的释放，是高素养教师的教学策略的具体体现。例如：美术活动是让幼儿兴趣盎然的领域，他们喜欢用自己的图式来表现想法。教师在这个领域，应当大胆利用幼儿的个性特长，进行创新尝试。

教师经常会发现，许多幼儿的绘画作品有一种怪现象，同一个孩子在兴趣班和幼儿园、家里会画出水平差异悬殊的画来。经过分析原因，原来是成人的过多干预。每个孩子都有自己的表现力，这不是少数智商高、技能好的幼儿的专利，也不是可以用作品效果这一把尺子来衡量的。成人太看重作品的成果，对作品完美的愿望往往妨碍了幼儿去创造自己的图式，因此，幼儿园可以专门创设美术角，让幼儿用自己的方式来表现对社会和自然的感受。例如：龚珏小朋友在上幼儿园的路上，发现路上有个下水道的盖子没盖上，还看见周围有护栏围着盖子。于是，回到学校他在美术角画了一张画，画面上有个下水道的盖子，周围闪耀的火星四射光芒，并用颜色区分，这样就不影响行人了。龚珏的画充分发挥了他的创新力。在美术角里，幼儿用自己的方式来表现创新力的作品已屡见不鲜。

2. 好课题可以开阔孩子的求知欲和思维

对于幼儿来说，其初步的创新教育应该以科技活动为基础，利用各种感官，通过与环境的直接作用来进行学习，积累生活的体验。科学技术是关于人与自然关系的学科体系，科技成果物化成为我们生活水平、生活质量等等有形的人类文化系统，我们所有的吃穿住行中都包含着科学技术，我们周围的一切都蕴含着富有教育意义的课题。

桂林一所幼儿园设计的"太阳教育课题"，以孩子们司空见惯、朝夕相处极易疏忽的太阳作为教学的核心内容。在现代都市生活方式下，许多幼儿对日出、日落的壮阔，已经没有深刻的印象，因此有意识地让幼儿通过自身的观察，提出"太阳为什么是个红红的大火球？""太阳有多大？""它离我们有多远？""每天晚上，太阳都到哪里去了？""是太阳大，还是月亮大？"等等思考的问题，这是丰富幼儿生活阅历的一个重要途径。那么"太阳课题"的意义有哪些呢？

（1）通过探索型和创造性的活动，培养幼儿对自然的关怀 培养了幼儿的生态意识，建立人与自然的关联，为今后学习大量的以书本为载体的间接经验提供感性基础。这在一个角度上，把幼儿定位为一个个体的人，寻求教育的本意，即培养人的独立生存与发展的能力，特别是自我保护的能力、观察的能力和初步的应变能力。其次，探索性创造性的科技教育活动，使幼儿模拟了以往人类征服自然的某些过程，"复演"或模拟科学家发明创造的过

程，积累生动形象的直接经验。

（2）积累相关的经验，培植相关生态意识　从生态角度看，人和太阳是一对永恒而又古老的自然关系，太阳是人类赖以生存的首要条件。因此在孩子心目中应该注入相关的信息，积累相关的经验，培植其相关的也是初步的生态意识。这样的课题属于古今幼儿教育基本的课题类型。其效益是明显的，一是激发幼儿的好奇心，培养他们观察思考的能力，特别是发现周围世界许多肉眼可以察觉的奥秘；二是构建事物普遍联系的初步认识，如动植物生长与太阳直接相关，四季更替及有关疾病的防治与太阳周期变化的关联，等等。孩子从地球与太阳、人类与太阳的关系中直接把握了生物物种的许多基本特质，积累了人和自然交流的原始经验。

因此，幼儿教师必须鼓励幼儿积极地接触环境中的物体、材料和人，进行探究性的活动，利用诸如逛商场、游公园等一切具体生活过程对幼儿进行随机教育和情景教育。幼儿的生活是全面的，幼儿的生活经验也是多样化的一个整体，幼儿教师要有意识地予以引导，全方位地拓展教育时空。

3.游戏可以使幼儿思路开阔

从心理学的角度来说，创造指的是一种独特的心理过程，是个体产生一些新颖、奇特的看法或制作出一些全新的产品的过程，它可以是一种想象的活动，也可以是一种思考的综合，但它们绝非无中生有，它必须基于过去的知识、经验，是一种有基础、有目的的活动，并往往借语言、文学、艺术、科学等手段表现出来，幼儿则可借游戏表现出来。

根据上述对创造的认识，我们可以把创造力定义为人所具有的创造思维和创造性劳动的能力。而这种能力并非杰出的大科学家、大发明家才具有，事实上，每个幼儿都有创造力这种资质，问题在于我们要善于发现和培养。因此幼儿园作为学前教育机构应当采用以游戏为切入口。发展幼儿创造力的教育模式。那么在游戏教学中，教师应该注意哪几个方面呢？

（1）要增加幼儿的动口动脑的机会　游戏教学，要加强课堂组织，增强练习密度，让每个幼儿都有动口、动脑的机会，让他们自由交谈，发表自己的意见，并鼓励幼儿尽可能对每个问题努力寻求最多、最佳的答案。例如：折纸游戏，一方面可指导幼儿折成不同形状，另一方面可从纸的用途上对幼儿进行发散性思维训练。如学习上——可以用来写字、画画、包书、剪折图形，生活中——可以贴窗户、垫东西、包东西、印字等。在直观教学中多角度、有条理地培养幼儿的思维创造能力和思维方法。

（2）应当突出游戏的层次　新的设想不是凭空得来的，它总是对以前的表象进行选择、加工、改组而成的。教学中必须经常地、有目的地、有计划地组织幼儿进行各种游戏活动，带领他们外出参观、游玩，引导他们观察，帮助储存事物的表象，并要求把看到的、听到的在游戏中加以发挥、创造。例如：语文游戏中，教师可要求幼儿从黑板上众多的简单字中提炼出我们日常生活中经常说到的话。许多幼儿都利用手工组合和大脑中的表象，顺利地拼出了其他的日常语言。有些幼儿不满足这些，教师应当鼓励他们继续拼字。通过思考、比较、启发，幼儿初步懂得了一些语言间的关系，并对想象和创造发生兴趣。

又如：让幼儿自己当老师，他们就会模仿平时教学中的情景教其他幼儿数数、识字、排队等。在教学过程中，使他们的心理活动处于积极活动状态，这样他们既学到了知识，又发展了智力，同时又受到了良好的品德教育；幼儿为完成作为"老师"的任务，需要有意记忆、有意识记，需要进行独立思考。幼儿心理发展规律表明，年龄的阶段性影响了思维发展水平的阶段性，游戏教学必须根据这一特点，从游戏的内容、教学方法上要从易到难、从简单到复杂、灵活多样。只有根据幼儿心理的阶段性，突出教学的层次性，才能培养幼儿的思维创造能力，让他们从看中学，从做中学。最后，随年龄的递增使幼儿思维创造能力不断得到发展。

## 第三节　做一个爱美的教师

### 一、美在哪里

1. 美是一种兴趣和爱好

马克思曾说："如果你想得到艺术的享受，那你就必须是一个有艺术修养的人。"

我们感受阳光，要有阳光的心灵；欣赏绘画要有能感受美的眼睛；欣赏话剧，要有借助语言进行艺术想象的能力。同样，人们如果要欣赏、感受生活的美，追求社会生活的美，探求人们心灵美的奥秘，都需要具有相应的感受能力。但是人们对美的感受能力不是天生的，而是后天获得的。所谓"仁者见仁，智者见智"。不同时代、不同社会的人，对于美的感受能力，也不会是一模一样的。

正如著名教育家梅林说："如果一位澳洲的布希族人和一位文明的欧洲人同时听一首贝多芬的交响曲，或是看一幅拉斐尔的圣母像，感觉的心理过程在两种情形下应该是相同的，无论这一过程在自然科学中是怎样说明的，因为作为自然生物，他们俩是一样的。可是他们俩所感觉到的是什么，却大不相同，因为作为社会的成员，作为历史情景的产物，他们俩大不一样。"这是因为感受的获得不是一件轻而易举的事，它必须要有一定的敏感能力，用心灵的眼睛去捕获生活的每一个细节，每一个动人的镜头。对任何事物不能无动于衷、麻木不仁。

幼儿教师要在审美实践中培养和提高自己对自然美、社会美和艺术美的兴趣和爱好，培养和提高对美的事物的感受力，美才会真正地走进我们的心里。

2. 美是一种体验

有位教育家曾说过："什么是体验？如何体验？如果你在微风细雨的杨柳岸散步时，却带着你在办公室的心情，你就不会有体验。"由此可见，只要我们适时适地能够用生命体验审美对象，审美就不难形成，这就是体验的奥妙。

对寻美者来说，用心去体验生活的美好，是第一步。这种体验和一般的心理体验不同，主要是内在生命对外的迁移现象和扩散作用，因此是审美活动中极为重要的生命体验。面对事物，有些人希望自己能够体验，但不知如何体验。有些人以为能够体验，其实并不会体验。之所以如此，在于他们不懂得体验乃是审美和自我生命相结合的生命现象、生命能力。作为一种生命现象、生命能力的体验，比作为心理现象、心理能力的体验更为深刻和丰富，因为其中灌注了我们的情感和精神，从而能够在审美活动中形成心醉神迷的生命状态，把所见所闻所感的事物化成妙不可言的审美意象。

（1）美的体验从太阳升起开始　每天清晨，当我们睁开朦胧的双眼开始，美的体验就伴随着幼儿教师教育生活开始了，体验的深与浅就在于我们是否投入了情感和精神，是否用心去体验，用生命去体验。真正能够体验美的人是不论事无巨细大小的，所谓"一花一世界，一沙一天堂。"，指的就是如果一个人对某一事物有深邃而富有诗意的体验，那么那个人就有可能成为那个人眼中的"多情人"，也可能成为那个教师眼里的"好孩子"。说到审美意象，有人认为那一定是平凡人难以寻觅的机遇：或是鬼斧神工的自然杰作，或是令人咋舌的奇异景象。其实，审美意象可能就是我们身边的一些微不足道的寻常事物。

（2）美的体验从我们进园开始　每天，当我们跨入幼儿园大门的时候，我们对园部的美以及孩子们天真善良美的体验也就悄悄地开始了。幼儿园内绿草茵茵，鲜花朵朵，一派勃勃生机；滑梯、木马、转椅……有趣的户外活动器具色彩鲜艳、错落有致地陈列着，礼堂、活动室、睡房……富有特色的建筑物充满着欢快的旋律；走进教室，经过我们精心设计的墙饰、活动角传递着美的信息；更有那些可爱的孩子们，仰着他们甜甜的笑脸，争着叫"老师好！""老师今天您好漂亮！"工作时，有同事们默契而理解的配合，有园领导信任而关注的目光。这一切，不都是一种美的体验吗？它就像细雨滋润了我们的心田，陶冶了我们的身心，让我们在繁忙的工作中忘却了疲劳。当每天离开园部时，脑海里留下的，都是美好的回忆和对新的一天的期待。

**理想的幼儿园**

　　幼儿园是孩子的乐园。在这里一切都是宽松自由的：爱玩什么玩什么，午觉睡多睡少没人管，吃饭爱拿多少拿多少。但是这不意味着孩子们可以为所欲为。如果孩子犯了错误，他也将受到惩罚。比如一个孩子打人、说话不礼貌、在屋内大声喊叫等，教师就会把他抱走或让他自己走到一个椅子旁边坐下来反省，几分钟后老师解除他的处罚后他才能恢复玩耍的自由。这种处罚方式不是伤害孩子的肉体，而是让他体验被限制的滋味，反省自己的过错，从而珍惜遵守纪律带来的自由。

**二、投身社会美**

1. 什么是社会美

社会的一切主观活动都是围绕着人而展开，所以社会美也如此。自然界里的花草争奇斗艳，各逞芳姿，堪称自然的杰作。但是花开百日，终有谢时，于是人们仿照它们的形态和色泽，制成了各种工艺品。这些工艺品就失去了花草原有的自然属性，成为人工的劳动产品，属于社会美的范畴。

人是社会的主体，人之所以区别于动物，是因为人能在思考中发挥最大的主观能动性，所以人类生命的补偿性才能克服自然性的局限性，在生命史上谱写下光辉的篇章，从生命的有限通向生命的无限。生活并非处处都是鲜花，在工作中、在生活中我们也必然会遇到许多不美的因素，让我们迷惘、彷徨、痛苦，甚至要为之付出一定的代价。正因为如此，人类的社会性因素，如仁爱、献身精神、社会责任感、历史使命感、人生价值观等，也既能给他人生存的勇气和力量，还能在社会群体中造成生命力的相互激励和连锁反应。其实，在很大程度上很多人的生命之所以光辉灿烂，是因为他们不仅为自己活着，更为别人活着，一旦社会需要，他们可以放弃活着的权利，而让别人活着或活得更好，古往今来那些为人民大众图生存、谋幸福的仁人志士、英雄豪杰不正是如此吗？即使有些人的生命出现了危机，为了活下去而千方百计、殚精竭虑，也不是为了自己，更多的是为了家庭、为了国家，甚至为了整个世界。

2. 投身社会美

如何去寻找并投身社会美呢？下面，我们将从一个真实的故事开始。

美国的海伦·凯勒，自幼又聋又盲又哑，她与外部世界的交往只有靠触觉。但是她以顽强的毅力刻苦学习，竟然读完了大学，成为一名著名的社会活动家。她写了《假如给我三天光明》，说如果她是一所大学的校长，将设一门必修课"怎样使用你的眼睛"，教授应当启发学生努力唤醒他向上的那些处于睡眠状态的、懒散的官能。她还说如果她有三天能用眼睛看见东西的话，第一天，她要看到那些好心的、温和的、友好的、使她的生活变得有价值的人们；第二天，她要去看一看那由黑夜变成白天的激动人心的奇观；第三天，她要在现实世界里，了解日常生活中人们平凡的一天。当然，给她三天光明是不可能的，她只是"假如"，但就是这"假如"，不能不使人热泪盈眶，百感交集。海伦·凯勒面对不公平的命运，苦苦地挣扎，却始终没有放弃对美的追求，这是用生命在进行的一种特殊而崇高的自我美育！让我们也问问自己："假如给我三天光明，我会干些什么？"毫无疑问，我们的答案都会是要更加珍惜我们美的生活、美的今天！

作为官能健全者，我们常常会忽视身边的所见所闻，忽视身边值得我们去留意、去感动的生活细节。社会上的大部分群体都普遍认为：幼儿教师们美。这不仅仅是因为幼儿教师群体给人以外在美的感受，更重要的是认同幼儿教师的职业是美的。美的根源在于社会实践，人是实践的主人，人的社会实践构成了整个社会生活的核心。我们的教育生活中充满了人性的色彩，我们为了孩子、为了教育、为了社会而工作，正是抒写了最美的人生乐章。因此，实践活动的美，实践成果的美，实践主体的美，都是丰富多彩的社会美的具体体现。美和丑其实都是我们生活的一部分，我们只有在正视"丑"的基础上，不断追求社会"美"，我们的人生才会更美好。

知识库

## 美国幼儿园与我国幼儿园的区别

在美国，幼儿在幼儿园基本上没有什么学习任务，但是他们每天有半个小时的读书时间。孩子在幼儿园里做得最多的事情是画画、剪纸和拼贴东西。他们画蜡笔画、油画、粘贴画，有时候就是在乱画。孩子们爱做的另一项工作是用剪刀剪纸。这里的小孩很少就被允许使用剪刀，他们很快就能熟练地剪各种图形。这些活动极大地锻炼了孩子的动手能力，使他们很好地做手脑并用，互相促进。

在幼儿园里，孩子要做力所能及的事，要解决自己遇到的问题。洗手、吃饭、倒剩饭、摆放玩具等都是自己去做。另外，如果一个孩子因和别的孩子争吵而来找教师，老师问明原因后会对他说："你去对他说出你的想法。"这个孩子就会很认真地过去对另一个说："That is not OK. I don't like you do that."（那样不好，我不喜欢你那么做。）一般问题也就解决了。稍复杂的问题，教师会出来主持公道。

美国的幼儿园从来没有给孩子戴小红花、插小红旗等等的评比活动。幼儿园认为每一个孩子都是聪明的、优秀的、平等的，没有什么优劣之分。老师也是时时在向孩子们灌输这样的观念。一次，一个孩子用橡皮泥做了个玩具对老师说："看，我做的比安妮做的要好。"老师马上纠正他："不是比她的好，而是你做的和她做的有不同的地方。"孩子坚持说："我认为我的就是比她的好。"老师也更加严肃地纠正道："不对，我认为你们两个做的东西有不同之处，各有各的特点。"老师不想让孩子那么小就背负着人为划分出来的好坏高低的思想压力，如果孩子因此而形成自高自大或自暴自弃的心理，那对孩子今后的成长是极为不好的。

### 三、做一个爱美的老师

#### 1. 心灵美在幼儿教育中的重要性

托尔斯泰说过一句意味深长的话："人并不是因为美丽而可爱，而是因为可爱才美丽。"由此可见，一个人的心灵如果美丽，不但可以掩盖外在的某些缺陷，甚至可以使人更具魅力。孩子们喜欢看教师美的外表，更能感受教师美好的心灵。我们只有塑造好自身的心灵美、人格美，形象美才有所依附，才能持久不败。

有这样一位哲人说过："最柔和的慈爱，最无畏的坚毅，最温柔的情感，对德性最崇高的热爱，所有这一切都成功地使他震颤的心房充满生气和力量。"这句话将幼儿教师所拥有的美的人格恰如其分地表现了出来，比起身材与容貌的外在美，人格的魅力"充满生气和力量"，并且发挥着恒久的作用。那么，怎样去逐步实施美的计划，让自己"美"起来呢？

（1）在教育中不断注重人格培养　一位孩子对她的母亲这样评价她的老师："老师喜欢我，我也喜欢她，她最美！"一句话，惹得母亲无限羡慕这位老师。由此可见，一位好老师，对幼儿的影响有多大，所以我们教师在教育生活中要注重自己完美人格的培养。

幼儿教师要按美的规律塑造自己，具备较高的美育素质，全身心地投入到审美教育中，并按照美的规律去生活、去教育、去创造，将自己培养成为真正意义上"美"的人。幼儿教师是幼儿心中最完美的偶像，我们美的心灵、美的人格让幼儿从中感受到美的内在力量，净化纯洁了他们的审美境界；我们美好的情感、美好的情操丰富了幼儿对美的感受，并使他们乐于接受教育的力量；我们良好健康的审美趣味和正确的审美标准也提高了幼儿的审美能力，丰富了他们的审美体验，正是我们所具有的内在美使美育工作具有了更自觉，更持久，更有魅力的动力。

鲁迅在追忆藤野先生以其无私而严格的师道给自己一生以重要影响时说："他的性格在我的眼里和心里是伟大的，虽然他的姓名并不为许多人所知道。"由此可见，一个人如果有良好的人格对别人有着多么大的影响。

（2）良好的情趣可以提高文化修养　情趣，作为一种社会性的美好行为，总是直接或间接地反映着一个人的文化修养，表现着其对生活的态度和追求。

人们说："仁者见仁，智者见智。"每个人都有自己特定的情趣和与众不同的价值观。对多种情趣的追求，是人类热爱生活的表现，也是人们在生活中寻觅美的表现。文学家高尔基在谈到他的爱好时说："对于有文化的人，读书是高尚的享受。我重视读书，它是我的一种宝贵的习惯。"这就为我们提供了一条线索：探究生活情趣，不能不着眼于文化修养。同时，也是观察一个人精神面貌，衡量其审美能力发展水平的标尺。这不是天生的，而是深深地植根于人的文化修养，并与文化修养同步前进、同步成熟的。幼儿教师要拥有健康、纯正、高尚、全面的审美情趣，具体表现为在生活中培养起自己对美的事物和现象的敏感和喜爱，对一切真善美的关注和倾心。

（3）美学可以提高教师的审美观　一切的审美观都是基于学习的基础之上的，不学习无以谈美。我们首先要学一点美学，因为美学是美育的基础，掌握美学的基本常识是我们实施美育的必要条件。美学是一门古老而又年轻的科学，我们只有掌握了美学常识，才能更好地着手启萌幼儿初步感受美和表现美的情趣，树立幼儿正确的审美观点，培养幼儿从事艺术活动、进行艺术创造的本领，促进幼儿养成高尚的审美情趣。每天都在谈美、从事美育的幼儿教师要问一问自己：我究竟掌握和了解了多少美学常识和美学知识呢？

（4）不断进行审美实践

●较高的审美力是先天禀赋与后天学习的结果，是人类独有的专利。

教师全身心积极地投身教育生活，积累和丰富美的经验，和幼儿一起认识社会美，和幼儿一起欣赏自然美，和幼儿一起投身艺术美，才能使自己的审美能力不断到达一个新的境界。实践可以提高审美能力，有体验的人都知道，儿时背诵唐诗不知其意，老年重吟方知其美，这种变化正是通过人生的实践，从不很理解到彻底理解的认识上的飞跃。

●较高的审美能力是深厚的美学素养的集中表现，是审美观成熟的重要标志。

不同的人读《水浒传》，甚至看《西游记》，因其审美能力的差异，所获得的感悟是大不相同的。通过丰富多彩的审美实践来提升我们的审美能力是非常有效的。具有较高审美能力的人，能在感知、想像、情感、理解等多种心理运动中，迅速发现、区分美丑及其程度，通过审美对象领悟社会人生的深沉意味。

幼儿的内心世界是一个真善美的世界，他们的生活中蕴藏着人生的种种趣味和真谛，唤起我们建设美好世界的责任感，能够帮助我们再次回归童年。

社会美，美好的人格，让我们在教育生活中与幼儿相互感应，相互促进，一起奔向未知而美好的明天。

2. 外在美可以更好促进幼儿接受教师

天生丽质固然是美的，然而天生丽质毕竟是少数，而且"金玉其外，败絮其中"的例子并不少见。古语道"女为悦己者容"，已经是陈旧的观念了。独立自主的现代女性更注重"己悦"，现代社会中的女性十分注重自我的形象设计，为了追求美的形象，美容院、健身房、发型屋成了女性们频频光顾的场所。可以说，女性对自身形象的重视是社会进步的象征。

（1）追求外在美是一种时代的需要　幼儿教师用自己美好的形象、美好的风度和美好的人格在幼儿面前、在社会公众面前塑造了自我的形象美，成为美的化身。作为一名教师，"使各种高尚的道德品质——在个人生活与集体生活中光明磊落、心地善良、诚实正直和这些品质的外在表现的美（文雅的风度、灵活的举止等等）达到和谐统一，是美育最重要的任务之一"。形象美不仅是一种直观的印象，更是仪表、风度、举止、语言和内心精神世界的综合体现，也是个人修养的标志。

在我们周围，富有魅力的幼儿教师并不像影星、歌星那样光彩夺目，然而她们却用自己的微微一笑、短短一语深深地吸引着幼儿。幼儿天生具有憧憬美好事物的倾向，要吸引孩子，幼儿教师比起其他阶段的教师更要重视自己的形象美化。幼儿在与教师的交往中，较难对教师的内心状态做出直接的判断，而往往可以从观察到的外在形象出发，直觉地以审美的角度，对我们的形象形成自己的判断和推理。如果我们拥有朴实简洁的装束、文明生动的言辞、热烈真实的情感，活泼端庄的举止，幼儿必然会感到我们亲切、慈爱、富有朝气，从而产生欣赏甚至仰慕的情感。我们传达给幼儿具有职业特征的形象美，就能在心中树立一个"美丽、智慧和教养的化身"。

（2）教态美也是外在美 根据科学家研究结果表明：儿童获得信息的总效果是7%的文字，加38%的声调，加55%的面部表情。人们谈话中35%靠的是言语表达，65%则是靠体态语言表达。所以，对于幼儿教师来说，如何运用文字以外的表达是多么重要的一门课程。这一切，对于教师来说是必要的，如果没有这些技巧，那就不能成为一个好的教师。

苏联著名教育家马卡连柯说："师范学校应当用其他方法来培育我们的教师，如怎样坐、怎样站、怎样从桌子旁边的椅子上站起来，怎样提高声调，怎样笑和怎样看等等细枝末节……"由此可见，幼儿教师的教态美可以看作是教育活动中重要的信息载体，对于具体形象性思维的幼儿更是如此。其作用可以总结为以下三点：

●幼儿教师大方自然的举止能稳定幼儿的情绪，振奋幼儿的精神。幼儿教师的语言美不仅可以活跃教学气氛，增添情趣，更使幼儿乐于接受，并得到高尚的精神陶冶和强烈的美的享受。

●幼儿教师自然丰富的表情会产生魅力，诱发幼儿的美感，拨响他们共鸣的心弦，收到事半功倍的效果。

可以说，美的教态不是一门简单的对美的追求，而是一门科学，更是一门艺术，需要我们不断去探究，去磨炼。幼儿教师始终追求的美的教态应该是：对幼儿语言亲切自然，富有情感，和蔼可亲，情绪稳定，精神饱满，表情和动作和谐等等。当然，这不是教师靠一天两天就可以做到的，需要我们在日常的教学中，不断领悟，不断体验。

（3）追求适而不过的外在美 幼儿教师是现代女性群体中美丽而独特的组成部分，我们自尊自信、健康活泼、富有朝气，更兼有多才多艺的特点。对于美，我们有着自觉的追求，同时，也应该有着对美与众不同的追求。

●注重容貌美 在人的相互交往中，我们首先会注意到对方仪表容貌，就是我们通常说的第一印象，这在社交中是非常重要和深刻的。千人千面，我们应根据自己的身材、肤色、性格与年龄来综合考虑，突出美的部分，掩饰不够美的部分。

现代幼儿教师的外在仪表装扮，我们既提倡富有个性，跟上时代的步伐，又要注意不要过分地专注于打扮，穿戴一些不适合幼儿园工作、又不适合幼儿教师形象的装饰等。

●注重服饰的选择与搭配 幼儿园教师作为幼儿在成长阶段的启蒙老师，对幼儿的重要性不言而喻。要给幼儿以美感，要提倡幼儿教师的服饰美。托尔斯泰说："朴素是美的必要条件。"作为幼儿教师更应当把这句话作为服饰美的训条，着装应当适合我们兼有体力与脑力劳动特点的职业工作的需要，简洁明快、朴实大方、和谐得体是职业要求的基本服饰走向。

由于幼儿天性活泼，情绪易受环境影响，我们选择的服饰色彩鲜艳些，式样活泼些，都会引起幼儿愉悦的感受，给幼儿以美的启迪和熏陶。

只有我们教师在不断的学习中去实践美，体验美，感受美，必然会从美中感受到职业的乐趣，和生活的美好！

 每章一练

1.简述创新意识的意义。

2.简述如何做一个有爱心的教师。

3.简述做一个爱美的教师的含义。

# 附　录

# 中华人民共和国义务教育法

（1986 年 4 月 12 日第六届全国人民代表大会第四次会议通过，1986 年 7 月 1 日起施行。2018 年 12 月 29 日第十三届全国人民代表大会常务委员会第七次会议修改）

## 第一章　总　则

**第一条**　为了保障适龄儿童、少年接受义务教育的权利，保证义务教育的实施，提高全民族素质，根据宪法和教育法，制定本法。

**第二条**　国家实行九年义务教育制度。

义务教育是国家统一实施的所有适龄儿童、少年必须接受的教育，是国家必须予以保障的公益性事业。

实施义务教育，不收学费、杂费。

国家建立义务教育经费保障机制，保证义务教育制度实施。

**第三条**　义务教育必须贯彻国家的教育方针，实施素质教育，提高教育质量，使适龄儿童、少年在品德、智力、体质等方面全面发展，为培养有理想、有道德、有文化、有纪律的社会主义建设者和接班人奠定基础。

**第四条**　凡具有中华人民共和国国籍的适龄儿童、少年，不分性别、民族、种族、家庭财产状况、宗教信仰等，依法享有平等接受义务教育的权利，并履行接受义务教育的义务。

**第五条**　各级人民政府及其有关部门应当履行本法规定的各项职责，保障适龄儿童、少年接受义务教育的权利。

适龄儿童、少年的父母或者其他法定监护人应当依法保证其按时入学接受并完成义务教育。

依法实施义务教育的学校应当按照规定标准完成教育教学任务，保证教育教学质量。

社会组织和个人应当为适龄儿童、少年接受义务教育创造良好的环境。

**第六条**　国务院和县级以上地方人民政府应当合理配置教育资源，促进义务教育均衡发展，改善薄弱学校的办学条件，并采取措施，保障农村地区、民族地区实施义务教育，保障家庭经济困难的和残疾的适龄儿童、少年接受义务教育。

国家组织和鼓励经济发达地区支援经济欠发达地区实施义务教育。

**第七条**　义务教育实行国务院领导，省、自治区、直辖市人民政府统筹规划实施，县级人民政府为主管理的体制。

县级以上人民政府教育行政部门具体负责义务教育实施工作;县级以上人民政府其他有关部门在各自的职责范围内负责义务教育实施工作。

第八条　人民政府教育督导机构对义务教育工作执行法律法规情况、教育教学质量以及义务教育均衡发展状况等进行督导,督导报告向社会公布。

第九条　任何社会组织或者个人有权对违反本法的行为向有关国家机关提出检举或者控告。

发生违反本法的重大事件,妨碍义务教育实施,造成重大社会影响的,负有领导责任的人民政府或者人民政府教育行政部门负责人应当引咎辞职。

第十条　对在义务教育实施工作中做出突出贡献的社会组织和个人,各级人民政府及其有关部门按照有关规定给予表彰、奖励。

## 第二章　学　　生

第十一条　凡年满六周岁的儿童,其父母或者其他法定监护人应当送其入学接受并完成义务教育;条件不具备的地区的儿童,可以推迟到七周岁。

适龄儿童、少年因身体状况需要延缓入学或者休学的,其父母或者其他法定监护人应当提出申请,由当地乡镇人民政府或者县级人民政府教育行政部门批准。

第十二条　适龄儿童、少年免试入学。地方各级人民政府应当保障适龄儿童、少年在户籍所在地学校就近入学。

父母或者其他法定监护人在非户籍所在地工作或者居住的适龄儿童、少年,在其父母或者其他法定监护人工作或者居住地接受义务教育的,当地人民政府应当为其提供平等接受义务教育的条件。具体办法由省、自治区、直辖市规定。

县级人民政府教育行政部门对本行政区域内的军人子女接受义务教育予以保障。

第十三条　县级人民政府教育行政部门和乡镇人民政府组织和督促适龄儿童、少年入学,帮助解决适龄儿童、少年接受义务教育的困难,采取措施防止适龄儿童、少年辍学。

居民委员会和村民委员会协助政府做好工作,督促适龄儿童、少年入学。

第十四条　禁止用人单位招用应当接受义务教育的适龄儿童、少年。

根据国家有关规定经批准招收适龄儿童、少年进行文艺、体育等专业训练的社会组织,应当保证所招收的适龄儿童、少年接受义务教育;自行实施义务教育的,应当经县级人民政府教育行政部门批准。

## 第三章　学　　校

第十五条　县级以上地方人民政府根据本行政区域内居住的适龄儿童、少年的数量和分布状况等因素,按照国家有关规定,制定、调整学校设置规划。新建居民区需要设置学校的,应当与居民区的建设同步进行。

第十六条　学校建设,应当符合国家规定的办学标准,适应教育教学需要;应当符合国家规定的选址要求和建设标准,确保学生和教职工安全。

第十七条　县级人民政府根据需要设置寄宿制学校,保障居住分散的适龄儿童、少年入学接受义务教育。

**第十八条** 国务院教育行政部门和省、自治区、直辖市人民政府根据需要，在经济发达地区设置接收少数民族适龄儿童、少年的学校（班）。

**第十九条** 县级以上地方人民政府根据需要设置相应的实施特殊教育的学校（班），对视力残疾、听力语言残疾和智力残疾的适龄儿童、少年实施义务教育。特殊教育学校（班）应当具备适应残疾儿童、少年学习、康复、生活特点的场所和设施。

普通学校应当接收具有接受普通教育能力的残疾适龄儿童、少年随班就读，并为其学习、康复提供帮助。

**第二十条** 县级以上地方人民政府根据需要，为具有预防未成年人犯罪法规定的严重不良行为的适龄少年设置专门的学校实施义务教育。

**第二十一条** 对未完成义务教育的未成年犯和被采取强制性教育措施的未成年人应当进行义务教育，所需经费由人民政府予以保障。

**第二十二条** 县级以上人民政府及其教育行政部门应当促进学校均衡发展，缩小学校之间办学条件的差距，不得将学校分为重点学校和非重点学校。学校不得分设重点班和非重点班。

县级以上人民政府及其教育行政部门不得以任何名义改变或者变相改变公办学校的性质。

**第二十三条** 各级人民政府及其有关部门依法维护学校周边秩序，保护学生、教师、学校的合法权益，为学校提供安全保障。

**第二十四条** 学校应当建立、健全安全制度和应急机制，对学生进行安全教育，加强管理，及时消除隐患，预防发生事故。

县级以上地方人民政府定期对学校校舍安全进行检查；对需要维修、改造的，及时予以维修、改造。

学校不得聘用曾经因故意犯罪被依法剥夺政治权利或者其他不适合从事义务教育工作的人担任工作人员。

**第二十五条** 学校不得违反国家规定收取费用，不得以向学生推销或者变相推销商品、服务等方式谋取利益。

**第二十六条** 学校实行校长负责制。校长应当符合国家规定的任职条件。校长由县级人民政府教育行政部门依法聘任。

**第二十七条** 对违反学校管理制度的学生，学校应当予以批评教育，不得开除。

第四章 教 师

**第二十八条** 教师享有法律规定的权利，履行法律规定的义务，应当为人师表，忠诚于人民的教育事业。

全社会应当尊重教师。

**第二十九条** 教师在教育教学中应当平等对待学生，关注学生的个体差异，因材施教，促进学生的充分发展。

教师应当尊重学生的人格，不得歧视学生，不得对学生实施体罚、变相体罚或者其他侮辱人格尊严的行为，不得侵犯学生合法权益。

**第三十条** 教师应当取得国家规定的教师资格。

国家建立统一的义务教育教师职务制度。教师职务分为初级职务、中级职务和高级职务。

**第三十一条** 各级人民政府保障教师工资福利和社会保险待遇，改善教师工作和生活条件；完善农村教师工资经费保障机制。

教师的平均工资水平应当不低于当地公务员的平均工资水平。

特殊教育教师享有特殊岗位补助津贴。在民族地区和边远贫困地区工作的教师享有艰苦贫困地区补助津贴。

**第三十二条** 县级以上人民政府应当加强教师培养工作，采取措施发展教师教育。

县级人民政府教育行政部门应当均衡配置本行政区域内学校师资力量，组织校长、教师的培训和流动，加强对薄弱学校的建设。

**第三十三条** 国务院和地方各级人民政府鼓励和支持城市学校教师和高等学校毕业生到农村地区、民族地区从事义务教育工作。

国家鼓励高等学校毕业生以志愿者的方式到农村地区、民族地区缺乏教师的学校任教。县级人民政府教育行政部门依法认定其教师资格，其任教时间计入工龄。

## 第五章　教育教学

**第三十四条** 教育教学工作应当符合教育规律和学生身心发展特点，面向全体学生，教书育人，将德育、智育、体育、美育等有机统一在教育教学活动中，注重培养学生独立思考能力、创新能力和实践能力，促进学生全面发展。

**第三十五条** 国务院教育行政部门根据适龄儿童、少年身心发展的状况和实际情况，确定教学制度、教育教学内容和课程设置，改革考试制度，并改进高级中等学校招生办法，推进实施素质教育。

学校和教师按照确定的教育教学内容和课程设置开展教育教学活动，保证达到国家规定的基本质量要求。

国家鼓励学校和教师采用启发式教育等教育教学方法，提高教育教学质量。

**第三十六条** 学校应当把德育放在首位，寓德育于教育教学之中，开展与学生年龄相适应的社会实践活动，形成学校、家庭、社会相互配合的思想道德教育体系，促进学生养成良好的思想品德和行为习惯。

**第三十七条** 学校应当保证学生的课外活动时间，组织开展文化娱乐等课外活动。社会公共文化体育设施应当为学校开展课外活动提供便利。

**第三十八条** 教科书根据国家教育方针和课程标准编写，内容力求精简，精选必备的基础知识、基本技能，经济实用，保证质量。

国家机关工作人员和教科书审查人员，不得参与或者变相参与教科书的编写工作。

**第三十九条** 国家实行教科书审定制度。教科书的审定办法由国务院教育行政部门规定。未经审定的教科书，不得出版、选用。

**第四十条** 教科书价格由省、自治区、直辖市人民政府价格行政部门会同同级出版主管部门按照微利原则确定。

**第四十一条** 国家鼓励教科书循环使用。

第六章　经费保障

**第四十二条**　国家将义务教育全面纳入财政保障范围，义务教育经费由国务院和地方各级人民政府依照本法规定予以保障。

国务院和地方各级人民政府将义务教育经费纳入财政预算，按照教职工编制标准、工资标准和学校建设标准、学生人均公用经费标准等，及时足额拨付义务教育经费，确保学校的正常运转和校舍安全，确保教职工工资按照规定发放。

国务院和地方各级人民政府用于实施义务教育财政拨款的增长比例应当高于财政经常性收入的增长比例，保证按照在校学生人数平均的义务教育费用逐步增长，保证教职工工资和学生人均公用经费逐步增长。

**第四十三条**　学校的学生人均公用经费基本标准由国务院财政部门会同教育行政部门制定，并根据经济和社会发展状况适时调整。制定、调整学生人均公用经费基本标准，应当满足教育教学基本需要。

省、自治区、直辖市人民政府可以根据本行政区域的实际情况，制定不低于国家标准的学校学生人均公用经费标准。

特殊教育学校（班）学生人均公用经费标准应当高于普通学校学生人均公用经费标准。

**第四十四条**　义务教育经费投入实行国务院和地方各级人民政府根据职责共同负担，省、自治区、直辖市人民政府负责统筹落实的体制。农村义务教育所需经费，由各级人民政府根据国务院的规定分项目、按比例分担。

各级人民政府对家庭经济困难的适龄儿童、少年免费提供教科书并补助寄宿生生活费。

义务教育经费保障的具体办法由国务院规定。

**第四十五条**　地方各级人民政府在财政预算中将义务教育经费单列。

县级人民政府编制预算，除向农村地区学校和薄弱学校倾斜外，应当均衡安排义务教育经费。

**第四十六条**　国务院和省、自治区、直辖市人民政府规范财政转移支付制度，加大一般性转移支付规模和规范义务教育专项转移支付，支持和引导地方各级人民政府增加对义务教育的投入。地方各级人民政府确保将上级人民政府的义务教育转移支付资金按照规定用于义务教育。

**第四十七条**　国务院和县级以上地方人民政府根据实际需要，设立专项资金，扶持农村地区、民族地区实施义务教育。

**第四十八条**　国家鼓励社会组织和个人向义务教育捐赠，鼓励按照国家有关基金会管理的规定设立义务教育基金。

**第四十九条**　义务教育经费严格按照预算规定用于义务教育；任何组织和个人不得侵占、挪用义务教育经费，不得向学校非法收取或者摊派费用。

**第五十条**　县级以上人民政府建立健全义务教育经费的审计监督和统计公告制度。

第七章　法律责任

**第五十一条**　国务院有关部门和地方各级人民政府违反本法第六章的规定，未履行对义务教育经费保障职责的，由国务院或者上级地方人民政府责令限期改正；情节严重的，对直接负责的主管人员和其他直接责任人员依法给予行政处分。

第五十二条　县级以上地方人民政府有下列情形之一的，由上级人民政府责令限期改正；情节严重的，对直接负责的主管人员和其他直接责任人员依法给予行政处分：

（一）未按照国家有关规定制定、调整学校的设置规划的；

（二）学校建设不符合国家规定的办学标准、选址要求和建设标准的；

（三）未定期对学校校舍安全进行检查，并及时维修、改造的；

（四）未依照本法规定均衡安排义务教育经费的。

第五十三条　县级以上人民政府或者其教育行政部门有下列情形之一的，由上级人民政府或者其教育行政部门责令限期改正、通报批评；情节严重的，对直接负责的主管人员和其他直接责任人员依法给予行政处分：

（一）将学校分为重点学校和非重点学校的；

（二）改变或者变相改变公办学校性质的。

县级人民政府教育行政部门或者乡镇人民政府未采取措施组织适龄儿童、少年入学或者防止辍学的，依照前款规定追究法律责任。

第五十四条　有下列情形之一的，由上级人民政府或者上级人民政府教育行政部门、财政部门、价格行政部门和审计机关根据职责分工责令限期改正；情节严重的，对直接负责的主管人员和其他直接责任人员依法给予处分：

（一）侵占、挪用义务教育经费的；

（二）向学校非法收取或者摊派费用的。

第五十五条　学校或者教师在义务教育工作中违反教育法、教师法规定的，依照教育法、教师法的有关规定处罚。

第五十六条　学校违反国家规定收取费用的，由县级人民政府教育行政部门责令退还所收费用；对直接负责的主管人员和其他直接责任人员依法给予处分。

学校以向学生推销或者变相推销商品、服务等方式谋取利益的，由县级人民政府教育行政部门给予通报批评；有违法所得的，没收违法所得；对直接负责的主管人员和其他直接责任人员依法给予处分。

国家机关工作人员和教科书审查人员参与或者变相参与教科书编写的，由县级以上人民政府或者其教育行政部门根据职责权限责令限期改正，依法给予行政处分；有违法所得的，没收违法所得。

第五十七条　学校有下列情形之一的，由县级人民政府教育行政部门责令限期改正；情节严重的，对直接负责的主管人员和其他直接责任人员依法给予处分：

（一）拒绝接收具有接受普通教育能力的残疾适龄儿童、少年随班就读的；

（二）分设重点班和非重点班的；

（三）违反本法规定开除学生的；

（四）选用未经审定的教科书的。

第五十八条　适龄儿童、少年的父母或者其他法定监护人无正当理由未依照本法规定送适龄儿童、少年入学接受义务教育的，由当地乡镇人民政府或者县级人民政府教育行政部门给予批评教育，责令限期改正。

第五十九条　有下列情形之一的，依照有关法律、行政法规的规定予以处罚：

（一）胁迫或者诱骗应当接受义务教育的适龄儿童、少年失学、辍学的；

（二）非法招用应当接受义务教育的适龄儿童、少年的；

（三）出版未经依法审定的教科书的。

**第六十条** 违反本法规定，构成犯罪的，依法追究刑事责任。

### 第八章 附 则

**第六十一条** 对接受义务教育的适龄儿童、少年不收杂费的实施步骤，由国务院规定。

**第六十二条** 社会组织或者个人依法举办的民办学校实施义务教育的，依照民办教育促进法有关规定执行；民办教育促进法未作规定的，适用本法。

**第六十三条** 本法自 2006 年 9 月 1 日起施行。

# 中华人民共和国未成年人保护法

（1991 年 9 月 4 日第七届全国人民代表大会常务委员会第二十一次会议通过，2020 年 10 月 17 日第十三届全国人民代表大会常务委员会第二十二次会议修改）

## 第一章 总 则

**第一条** 为了保护未成年人身心健康，保障未成年人合法权益，促进未成年人德智体美劳全面发展，培养有理想、有道德、有文化、有纪律的社会主义建设者和接班人，培养担当民族复兴大任的时代新人，根据宪法，制定本法。

**第二条** 本法所称未成年人是指未满十八周岁的公民。

**第三条** 国家保障未成年人的生存权、发展权、受保护权、参与权等权利。

未成年人依法平等地享有各项权利，不因本人及其父母或者其他监护人的民族、种族、性别、户籍、职业、宗教信仰、教育程度、家庭状况、身心健康状况等受到歧视。

**第四条** 保护未成年人，应当坚持最有利于未成年人的原则。处理涉及未成年人事项，应当符合下列要求：

（一）给予未成年人特殊、优先保护；

（二）尊重未成年人人格尊严；

（三）保护未成年人隐私权和个人信息；

（四）适应未成年人身心健康发展的规律和特点；

（五）听取未成年人的意见；

（六）保护与教育相结合。

**第五条** 国家、社会、学校和家庭应当对未成年人进行理想教育、道德教育、科学教育、文化教育、法治教育、国家安全教育、健康教育、劳动教育，加强爱国主义、集体主义和中国特色社会主义的教育，培养爱祖国、爱人民、爱劳动、爱科学、爱社会主义的公德，抵制资本主义、封建主义和其他腐朽思想的侵蚀，引导未成年人树立和践行社会主义核心价值观。

**第六条** 保护未成年人，是国家机关、武装力量、政党、人民团体、企业事业单位、社会组织、城乡基层群众性自治组织、未成年人的监护人以及其他成年人的共同责任。

国家、社会、学校和家庭应当教育和帮助未成年人维护自身合法权益，增强自我保护的意识和能力。

**第七条** 未成年人的父母或者其他监护人依法对未成年人承担监护职责。

国家采取措施指导、支持、帮助和监督未成年人的父母或者其他监护人履行监护职责。

**第八条** 县级以上人民政府应当将未成年人保护工作纳入国民经济和社会发展规划，相关经费纳入本级政府预算。

**第九条** 县级以上人民政府应当建立未成年人保护工作协调机制，统筹、协调、督促和指导有关部门在各自职责范围内做好未成年人保护工作。协调机制具体工作由县级以上人民政府民政部门承担，省级人民政府也可以根据本地实际情况确定由其他有关部门承担。

**第十条** 共产主义青年团、妇女联合会、工会、残疾人联合会、关心下一代工作委员会、青年联合会、学生联合会、少年先锋队以及其他人民团体、有关社会组织，应当协助各级人民政府及其有关部门、人民检察院、人民法院做好未成年人保护工作，维护未成年人合法权益。

**第十一条** 任何组织或者个人发现不利于未成年人身心健康或者侵犯未成年人合法权益的情形，都有权劝阻、制止或者向公安、民政、教育等有关部门提出检举、控告。

国家机关、居民委员会、村民委员会、密切接触未成年人的单位及其工作人员，在工作中发现未成年人身心健康受到侵害、疑似受到侵害或者面临其他危险情形的，应当立即向公安、民政、教育等有关部门报告。

有关部门接到涉及未成年人的检举、控告或者报告，应当依法及时受理、处置，并以适当方式将处理结果告知相关单位和人员。

**第十二条** 国家鼓励和支持未成年人保护方面的科学研究，建设相关学科、设置相关专业，加强人才培养。

**第十三条** 国家建立健全未成年人统计调查制度，开展未成年人健康、受教育等状况的统计、调查和分析，发布未成年人保护的有关信息。

**第十四条** 国家对保护未成年人有显著成绩的组织和个人给予表彰和奖励。

## 第二章 家庭保护

**第十五条** 未成年人的父母或者其他监护人应当学习家庭教育知识，接受家庭教育指导，创造良好、和睦、文明的家庭环境。

共同生活的其他成年家庭成员应当协助未成年人的父母或者其他监护人抚养、教育和保护未成年人。

**第十六条** 未成年人的父母或者其他监护人应当履行下列监护职责：

（一）为未成年人提供生活、健康、安全等方面的保障；

（二）关注未成年人的生理、心理状况和情感需求；

（三）教育和引导未成年人遵纪守法、勤俭节约，养成良好的思想品德和行为习惯；

（四）对未成年人进行安全教育，提高未成年人的自我保护意识和能力；

（五）尊重未成年人受教育的权利，保障适龄未成年人依法接受并完成义务教育；

（六）保障未成年人休息、娱乐和体育锻炼的时间，引导未成年人进行有益身心健康的活动；

（七）妥善管理和保护未成年人的财产；

（八）依法代理未成年人实施民事法律行为；

（九）预防和制止未成年人的不良行为和违法犯罪行为，并进行合理管教；

（十）其他应当履行的监护职责。

**第十七条** 未成年人的父母或者其他监护人不得实施下列行为：

（一）虐待、遗弃、非法送养未成年人或者对未成年人实施家庭暴力；

（二）放任、教唆或者利用未成年人实施违法犯罪行为；

（三）放任、唆使未成年人参与邪教、迷信活动或者接受恐怖主义、分裂主义、极端主义等侵害；

（四）放任、唆使未成年人吸烟（含电子烟，下同）、饮酒、赌博、流浪乞讨或者欺凌他人；

（五）放任或者迫使应当接受义务教育的未成年人失学、辍学；

（六）放任未成年人沉迷网络，接触危害或者可能影响其身心健康的图书、报刊、电影、广播电视节目、音像制品、电子出版物和网络信息等；

（七）放任未成年人进入营业性娱乐场所、酒吧、互联网上网服务营业场所等不适宜未成年人活动的场所；

（八）允许或者迫使未成年人从事国家规定以外的劳动；

（九）允许、迫使未成年人结婚或者为未成年人订立婚约；

（十）违法处分、侵吞未成年人的财产或者利用未成年人牟取不正当利益；

（十一）其他侵犯未成年人身心健康、财产权益或者不依法履行未成年人保护义务的行为。

**第十八条**　未成年人的父母或者其他监护人应当为未成年人提供安全的家庭生活环境，及时排除引发触电、烫伤、跌落等伤害的安全隐患；采取配备儿童安全座椅、教育未成年人遵守交通规则等措施，防止未成年人受到交通事故的伤害；提高户外安全保护意识，避免未成年人发生溺水、动物伤害等事故。

**第十九条**　未成年人的父母或者其他监护人应当根据未成年人的年龄和智力发展状况，在作出与未成年人权益有关的决定前，听取未成年人的意见，充分考虑其真实意愿。

**第二十条**　未成年人的父母或者其他监护人发现未成年人身心健康受到侵害、疑似受到侵害或者其他合法权益受到侵犯的，应当及时了解情况并采取保护措施；情况严重的，应当立即向公安、民政、教育等部门报告。

**第二十一条**　未成年人的父母或者其他监护人不得使未满八周岁或者由于身体、心理原因需要特别照顾的未成年人处于无人看护状态，或者将其交由无民事行为能力、限制民事行为能力、患有严重传染性疾病或者其他不适宜的人员临时照护。

未成年人的父母或者其他监护人不得使未满十六周岁的未成年人脱离监护单独生活。

**第二十二条**　未成年人的父母或者其他监护人因外出务工等原因在一定期限内不能完全履行监护职责的，应当委托具有照护能力的完全民事行为能力人代为照护；无正当理由的，不得委托他人代为照护。

未成年人的父母或者其他监护人在确定被委托人时，应当综合考虑其道德品质、家庭状况、身心健康状况、与未成年人生活情感上的联系等情况，并听取有表达意愿能力未成年人的意见。

具有下列情形之一的，不得作为被委托人：

（一）曾实施性侵害、虐待、遗弃、拐卖、暴力伤害等违法犯罪行为；

（二）有吸毒、酗酒、赌博等恶习；

（三）曾拒不履行或者长期怠于履行监护、照护职责；

（四）其他不适宜担任被委托人的情形。

第二十三条　未成年人的父母或者其他监护人应当及时将委托照护情况书面告知未成年人所在学校、幼儿园和实际居住地的居民委员会、村民委员会，加强和未成年人所在学校、幼儿园的沟通；与未成年人、被委托人至少每周联系和交流一次，了解未成年人的生活、学习、心理等情况，并给予未成年人亲情关爱。

未成年人的父母或者其他监护人接到被委托人、居民委员会、村民委员会、学校、幼儿园等关于未成年人心理、行为异常的通知后，应当及时采取干预措施。

第二十四条　未成年人的父母离婚时，应当妥善处理未成年子女的抚养、教育、探望、财产等事宜，听取有表达意愿能力未成年人的意见。不得以抢夺、藏匿未成年子女等方式争夺抚养权。

未成年人的父母离婚后，不直接抚养未成年子女的一方应当依照协议、人民法院判决或者调解确定的时间和方式，在不影响未成年人学习、生活的情况下探望未成年子女，直接抚养的一方应当配合，但被人民法院依法中止探望权的除外。

第三章　学校保护

第二十五条　学校应当全面贯彻国家教育方针，坚持立德树人，实施素质教育，提高教育质量，注重培养未成年学生认知能力、合作能力、创新能力和实践能力，促进未成年学生全面发展。

学校应当建立未成年学生保护工作制度，健全学生行为规范，培养未成年学生遵纪守法的良好行为习惯。

第二十六条　幼儿园应当做好保育、教育工作，遵循幼儿身心发展规律，实施启蒙教育，促进幼儿在体质、智力、品德等方面和谐发展。

第二十七条　学校、幼儿园的教职员工应当尊重未成年人人格尊严，不得对未成年人实施体罚、变相体罚或者其他侮辱人格尊严的行为。

第二十八条　学校应当保障未成年学生受教育的权利，不得违反国家规定开除、变相开除未成年学生。

学校应当对尚未完成义务教育的辍学未成年学生进行登记并劝返复学；劝返无效的，应当及时向教育行政部门书面报告。

第二十九条　学校应当关心、爱护未成年学生，不得因家庭、身体、心理、学习能力等情况歧视学生。对家庭困难、身心有障碍的学生，应当提供关爱；对行为异常、学习有困难的学生，应当耐心帮助。

学校应当配合政府有关部门建立留守未成年学生、困境未成年学生的信息档案，开展关爱帮扶工作。

第三十条　学校应当根据未成年学生身心发展特点，进行社会生活指导、心理健康辅导、青春期教育和生命教育。

第三十一条　学校应当组织未成年学生参加与其年龄相适应的日常生活劳动、生产劳动和服务性劳动，帮助未成年学生掌握必要的劳动知识和技能，养成良好的劳动习惯。

第三十二条　学校、幼儿园应当开展勤俭节约、反对浪费、珍惜粮食、文明饮食等宣传教育活动，帮助未成年人树立浪费可耻、节约为荣的意识，养成文明健康、绿色环保的生活习惯。

第三十三条 学校应当与未成年学生的父母或者其他监护人互相配合，合理安排未成年学生的学习时间，保障其休息、娱乐和体育锻炼的时间。

学校不得占用国家法定节假日、休息日及寒暑假期，组织义务教育阶段的未成年学生集体补课，加重其学习负担。

幼儿园、校外培训机构不得对学龄前未成年人进行小学课程教育。

**第三十四条** 学校、幼儿园应当提供必要的卫生保健条件，协助卫生健康部门做好在校、在园未成年人的卫生保健工作。

**第三十五条** 学校、幼儿园应当建立安全管理制度，对未成年人进行安全教育，完善安保设施、配备安保人员，保障未成年人在校、在园期间的人身和财产安全。

学校、幼儿园不得在危及未成年人人身安全、身心健康的校舍和其他设施、场所中进行教育教学活动。

学校、幼儿园安排未成年人参加文化娱乐、社会实践等集体活动，应当保护未成年人的身心健康，防止发生人身伤害事故。

**第三十六条** 使用校车的学校、幼儿园应当建立健全校车安全管理制度，配备安全管理人员，定期对校车进行安全检查，对校车驾驶人进行安全教育，并向未成年人讲解校车安全乘坐知识，培养未成年人校车安全事故应急处理技能。

**第三十七条** 学校、幼儿园应当根据需要，制定应对自然灾害、事故灾难、公共卫生事件等突发事件和意外伤害的预案，配备相应设施并定期进行必要的演练。

未成年人在校内、园内或者本校、本园组织的校外、园外活动中发生人身伤害事故的，学校、幼儿园应当立即救护，妥善处理，及时通知未成年人的父母或者其他监护人，并向有关部门报告。

**第三十八条** 学校、幼儿园不得安排未成年人参加商业性活动，不得向未成年人及其父母或者其他监护人推销或者要求其交易指定的商品和服务。

学校、幼儿园不得与校外培训机构合作为未成年人提供有偿课程辅导。

**第三十九条** 学校应当建立学生欺凌防控工作制度，对教职员工、学生等开展防治学生欺凌的教育和培训。

学校对学生欺凌行为应当立即制止，通知实施欺凌和被欺凌未成年学生的父母或者其他监护人参与欺凌行为的认定和处理；对相关未成年学生及时给予心理辅导、教育和引导；对相关未成年学生的父母或者其他监护人给予必要的家庭教育指导。

对实施欺凌的未成年学生，学校应当根据欺凌行为的性质和程度，依法加强管教。对严重的欺凌行为，学校不得隐瞒，应当及时向公安机关、教育行政部门报告，并配合相关部门依法处理。

**第四十条** 学校、幼儿园应当建立预防性侵害、性骚扰未成年人工作制度。对性侵害、性骚扰未成年人等违法犯罪行为，学校、幼儿园不得隐瞒，应当及时向公安机关、教育行政部门报告，并配合相关部门依法处理。

学校、幼儿园应当对未成年人开展适合其年龄的性教育，提高未成年人防范性侵害、性骚扰的自我保护意识和能力。对遭受性侵害、性骚扰的未成年人，学校、幼儿园应当及时采取相关的保护措施。

**第四十一条** 婴幼儿照护服务机构、早期教育服务机构、校外培训机构、校外托管机构等应当参照本章有关规定，根据不同年龄阶段未成年人的成长特点和规律，做好未成年人保护工作。

### 第四章 社会保护

**第四十二条** 全社会应当树立关心、爱护未成年人的良好风尚。

国家鼓励、支持和引导人民团体、企业事业单位、社会组织以及其他组织和个人，开展有利于未成年人健康成长的社会活动和服务。

**第四十三条** 居民委员会、村民委员会应当设置专人专岗负责未成年人保护工作，协助政府有关部门宣传未成年人保护方面的法律法规，指导、帮助和监督未成年人的父母或者其他监护人依法履行监护职责，建立留守未成年人、困境未成年人的信息档案并给予关爱帮扶。

居民委员会、村民委员会应当协助政府有关部门监督未成年人委托照护情况，发现被委托人缺乏照护能力、怠于履行照护职责等情况，应当及时向政府有关部门报告，并告知未成年人的父母或者其他监护人，帮助、督促被委托人履行照护职责。

**第四十四条** 爱国主义教育基地、图书馆、青少年宫、儿童活动中心、儿童之家应当对未成年人免费开放；博物馆、纪念馆、科技馆、展览馆、美术馆、文化馆、社区公益性互联网上网服务场所以及影剧院、体育场馆、动物园、植物园、公园等场所，应当按照有关规定对未成年人免费或者优惠开放。

国家鼓励爱国主义教育基地、博物馆、科技馆、美术馆等公共场馆开设未成年人专场，为未成年人提供有针对性的服务。

国家鼓励国家机关、企业事业单位、部队等开发自身教育资源，设立未成年人开放日，为未成年人主题教育、社会实践、职业体验等提供支持。

国家鼓励科研机构和科技类社会组织对未成年人开展科学普及活动。

**第四十五条** 城市公共交通以及公路、铁路、水路、航空客运等应当按照有关规定对未成年人实施免费或者优惠票价。

**第四十六条** 国家鼓励大型公共场所、公共交通工具、旅游景区景点等设置母婴室、婴儿护理台以及方便幼儿使用的坐便器、洗手台等卫生设施，为未成年人提供便利。

**第四十七条** 任何组织或者个人不得违反有关规定，限制未成年人应当享有的照顾或者优惠。

**第四十八条** 国家鼓励创作、出版、制作和传播有利于未成年人健康成长的图书、报刊、电影、广播电视节目、舞台艺术作品、音像制品、电子出版物和网络信息等。

**第四十九条** 新闻媒体应当加强未成年人保护方面的宣传，对侵犯未成年人合法权益的行为进行舆论监督。新闻媒体采访报道涉及未成年人事件应当客观、审慎和适度，不得侵犯未成年人的名誉、隐私和其他合法权益。

**第五十条** 禁止制作、复制、出版、发布、传播含有宣扬淫秽、色情、暴力、邪教、迷信、赌博、引诱自杀、恐怖主义、分裂主义、极端主义等危害未成年人身心健康内容的图书、报刊、电影、广播电视节目、舞台艺术作品、音像制品、电子出版物和网络信息等。

第五十一条　任何组织或者个人出版、发布、传播的图书、报刊、电影、广播电视节目、舞台艺术作品、音像制品、电子出版物或者网络信息，包含可能影响未成年人身心健康内容的，应当以显著方式作出提示。

第五十二条　禁止制作、复制、发布、传播或者持有有关未成年人的淫秽色情物品和网络信息。

第五十三条　任何组织或者个人不得刊登、播放、张贴或者散发含有危害未成年人身心健康内容的广告；不得在学校、幼儿园播放、张贴或者散发商业广告；不得利用校服、教材等发布或者变相发布商业广告。

第五十四条　禁止拐卖、绑架、虐待、非法收养未成年人，禁止对未成年人实施性侵害、性骚扰。

禁止胁迫、引诱、教唆未成年人参加黑社会性质组织或者从事违法犯罪活动。

禁止胁迫、诱骗、利用未成年人乞讨。

第五十五条　生产、销售用于未成年人的食品、药品、玩具、用具和游戏游艺设备、游乐设施等，应当符合国家或者行业标准，不得危害未成年人的人身安全和身心健康。上述产品的生产者应当在显著位置标明注意事项，未标明注意事项的不得销售。

第五十六条　未成年人集中活动的公共场所应当符合国家或者行业安全标准，并采取相应安全保护措施。对可能存在安全风险的设施，应当定期进行维护，在显著位置设置安全警示标志并标明适龄范围和注意事项；必要时应当安排专门人员看管。

大型的商场、超市、医院、图书馆、博物馆、科技馆、游乐场、车站、码头、机场、旅游景区景点等场所运营单位应当设置搜寻走失未成年人的安全警报系统。场所运营单位接到求助后，应当立即启动安全警报系统，组织人员进行搜寻并向公安机关报告。

公共场所发生突发事件时，应当优先救护未成年人。

第五十七条　旅馆、宾馆、酒店等住宿经营者接待未成年人入住，或者接待未成年人和成年人共同入住时，应当询问父母或者其他监护人的联系方式、入住人员的身份关系等有关情况；发现有违法犯罪嫌疑的，应当立即向公安机关报告，并及时联系未成年人的父母或者其他监护人。

第五十八条　学校、幼儿园周边不得设置营业性娱乐场所、酒吧、互联网上网服务营业场所等不适宜未成年人活动的场所。营业性歌舞娱乐场所、酒吧、互联网上网服务营业场所等不适宜未成年人活动场所的经营者，不得允许未成年人进入；游艺娱乐场所设置的电子游戏设备，除国家法定节假日外，不得向未成年人提供。经营者应当在显著位置设置未成年人禁入、限入标志；对难以判明是否是未成年人的，应当要求其出示证件。

第五十九条　学校、幼儿园周边不得设置烟、酒、彩票销售网点。禁止向未成年人销售烟、酒、彩票或者兑付彩票奖金。烟、酒和彩票经营者应当在显著位置设置不向未成年人销售烟、酒或者彩票的标志；对难以判明是否是未成年人的，应当要求其出示证件。

任何人不得在学校、幼儿园和其他未成年人集中活动的公共场所吸烟、饮酒。

第六十条　禁止向未成年人提供、销售管制刀具或者其他可能致人严重伤害的器具等物品。经营者难以判明交易者是否是未成年人的，应当要求其出示证件。

第六十一条　任何组织或者个人不得招用未满十六周岁未成年人，国家另有规定的除外。

营业性娱乐场所、酒吧、互联网上网服务营业场所等不适宜未成年人活动的场所不得招用已满十六周岁的未成年人。

招用已满十六周岁未成年人的单位和个人应当执行国家在工种、劳动时间、劳动强度和保护措施等方面的规定，不得安排其从事过重、有毒、有害等危害未成年人身心健康的劳动或者危险作业。

任何组织或者个人不得组织未成年人进行危害其身心健康的表演等活动。经未成年人的父母或者其他监护人同意，未成年人参与演出、节目制作等活动，活动组织方应当根据国家有关规定，保障未成年人合法权益。

第六十二条　密切接触未成年人的单位招聘工作人员时，应当向公安机关、人民检察院查询应聘者是否具有性侵害、虐待、拐卖、暴力伤害等违法犯罪记录；发现其具有前述行为记录的，不得录用。

密切接触未成年人的单位应当每年定期对工作人员是否具有上述违法犯罪记录进行查询。通过查询或者其他方式发现其工作人员具有上述行为的，应当及时解聘。

第六十三条　任何组织或者个人不得隐匿、毁弃、非法删除未成年人的信件、日记、电子邮件或者其他网络通讯内容。

除下列情形外，任何组织或者个人不得开拆、查阅未成年人的信件、日记、电子邮件或者其他网络通讯内容：

（一）无民事行为能力未成年人的父母或者其他监护人代未成年人开拆、查阅；

（二）因国家安全或者追查刑事犯罪依法进行检查；

（三）紧急情况下为了保护未成年人本人的人身安全。

## 第五章　网络保护

第六十四条　国家、社会、学校和家庭应当加强未成年人网络素养宣传教育，培养和提高未成年人的网络素养，增强未成年人科学、文明、安全、合理使用网络的意识和能力，保障未成年人在网络空间的合法权益。

第六十五条　国家鼓励和支持有利于未成年人健康成长的网络内容的创作与传播，鼓励和支持专门以未成年人为服务对象、适合未成年人身心健康特点的网络技术、产品、服务的研发、生产和使用。

第六十六条　网信部门及其他有关部门应当加强对未成年人网络保护工作的监督检查，依法惩处利用网络从事危害未成年人身心健康的活动，为未成年人提供安全、健康的网络环境。

第六十七条　网信部门会同公安、文化和旅游、新闻出版、电影、广播电视等部门根据保护不同年龄阶段未成年人的需要，确定可能影响未成年人身心健康网络信息的种类、范围和判断标准。

第六十八条　新闻出版、教育、卫生健康、文化和旅游、网信等部门应当定期开展预防未成年人沉迷网络的宣传教育，监督网络产品和服务提供者履行预防未成年人沉迷网络的义务，指导家庭、学校、社会组织互相配合，采取科学、合理的方式对未成年人沉迷网络进行预防和干预。

任何组织或者个人不得以侵害未成年人身心健康的方式对未成年人沉迷网络进行干预。

第六十九条　学校、社区、图书馆、文化馆、青少年宫等场所为未成年人提供的互联网上网服务设施，应当安装未成年人网络保护软件或者采取其他安全保护技术措施。

智能终端产品的制造者、销售者应当在产品上安装未成年人网络保护软件，或者以显著方式告知用户未成年人网络保护软件的安装渠道和方法。

第七十条　学校应当合理使用网络开展教学活动。未经学校允许，未成年学生不得将手机等智能终端产品带入课堂，带入学校的应当统一管理。

学校发现未成年学生沉迷网络的，应当及时告知其父母或者其他监护人，共同对未成年学生进行教育和引导，帮助其恢复正常的学习生活。

第七十一条　未成年人的父母或者其他监护人应当提高网络素养，规范自身使用网络的行为，加强对未成年人使用网络行为的引导和监督。

未成年人的父母或者其他监护人应当通过在智能终端产品上安装未成年人网络保护软件、选择适合未成年人的服务模式和管理功能等方式，避免未成年人接触危害或者可能影响其身心健康的网络信息，合理安排未成年人使用网络的时间，有效预防未成年人沉迷网络。

第七十二条　信息处理者通过网络处理未成年人个人信息的，应当遵循合法、正当和必要的原则。处理不满十四周岁未成年人个人信息的，应当征得未成年人的父母或者其他监护人同意，但法律、行政法规另有规定的除外。

未成年人、父母或者其他监护人要求信息处理者更正、删除未成年人个人信息的，信息处理者应当及时采取措施予以更正、删除，但法律、行政法规另有规定的除外。

第七十三条　网络服务提供者发现未成年人通过网络发布私密信息的，应当及时提示，并采取必要的保护措施。

第七十四条　网络产品和服务提供者不得向未成年人提供诱导其沉迷的产品和服务。

网络游戏、网络直播、网络音视频、网络社交等网络服务提供者应当针对未成年人使用其服务设置相应的时间管理、权限管理、消费管理等功能。

以未成年人为服务对象的在线教育网络产品和服务，不得插入网络游戏链接，不得推送广告等与教学无关的信息。

第七十五条　网络游戏经依法审批后方可运营。

国家建立统一的未成年人网络游戏电子身份认证系统。网络游戏服务提供者应当要求未成年人以真实身份信息注册并登录网络游戏。

网络游戏服务提供者应当按照国家有关规定和标准，对游戏产品进行分类，作出适龄提示，并采取技术措施，不得让未成年人接触不适宜的游戏或者游戏功能。

网络游戏服务提供者不得在每日二十二时至次日八时向未成年人提供网络游戏服务。

第七十六条　网络直播服务提供者不得为未满十六周岁的未成年人提供网络直播发布者账号注册服务；为年满十六周岁的未成年人提供网络直播发布者账号注册服务时，应当对其身份信息进行认证，并征得其父母或者其他监护人同意。

第七十七条　任何组织或者个人不得通过网络以文字、图片、音视频等形式，对未成年人实施侮辱、诽谤、威胁或者恶意损害形象等网络欺凌行为。

遭受网络欺凌的未成年人及其父母或者其他监护人有权通知网络服务提供者采取删除、屏蔽、断开链接等措施。网络服务提供者接到通知后，应当及时采取必要的措施制止网络欺凌行为，防止信息扩散。

**第七十八条** 网络产品和服务提供者应当建立便捷、合理、有效的投诉和举报渠道，公开投诉、举报方式等信息，及时受理并处理涉及未成年人的投诉、举报。

**第七十九条** 任何组织或者个人发现网络产品、服务含有危害未成年人身心健康的信息，有权向网络产品和服务提供者或者网信、公安等部门投诉、举报。

**第八十条** 网络服务提供者发现用户发布、传播可能影响未成年人身心健康的信息且未作显著提示的，应当作出提示或者通知用户予以提示；未作出提示的，不得传输相关信息。

网络服务提供者发现用户发布、传播含有危害未成年人身心健康内容的信息的，应当立即停止传输相关信息，采取删除、屏蔽、断开链接等处置措施，保存有关记录，并向网信、公安等部门报告。

网络服务提供者发现用户利用其网络服务对未成年人实施违法犯罪行为的，应当立即停止向该用户提供网络服务，保存有关记录，并向公安机关报告。

## 第六章 政府保护

**第八十一条** 县级以上人民政府承担未成年人保护协调机制具体工作的职能部门应当明确相关内设机构或者专门人员，负责承担未成年人保护工作。

乡镇人民政府和街道办事处应当设立未成年人保护工作站或者指定专门人员，及时办理未成年人相关事务；支持、指导居民委员会、村民委员会设立专人专岗，做好未成年人保护工作。

**第八十二条** 各级人民政府应当将家庭教育指导服务纳入城乡公共服务体系，开展家庭教育知识宣传，鼓励和支持有关人民团体、企业事业单位、社会组织开展家庭教育指导服务。

**第八十三条** 各级人民政府应当保障未成年人受教育的权利，并采取措施保障留守未成年人、困境未成年人、残疾未成年人接受义务教育。

对尚未完成义务教育的辍学未成年学生，教育行政部门应当责令父母或者其他监护人将其送入学校接受义务教育。

**第八十四条** 各级人民政府应当发展托育、学前教育事业，办好婴幼儿照护服务机构、幼儿园，支持社会力量依法兴办母婴室、婴幼儿照护服务机构、幼儿园。

县级以上地方人民政府及其有关部门应当培养和培训婴幼儿照护服务机构、幼儿园的保教人员，提高其职业道德素质和业务能力。

**第八十五条** 各级人民政府应当发展职业教育，保障未成年人接受职业教育或者职业技能培训，鼓励和支持人民团体、企业事业单位、社会组织为未成年人提供职业技能培训服务。

**第八十六条** 各级人民政府应当保障具有接受普通教育能力、能适应校园生活的残疾未成年人就近在普通学校、幼儿园接受教育；保障不具有接受普通教育能力的残疾未成年人在特殊教育学校、幼儿园接受学前教育、义务教育和职业教育。

各级人民政府应当保障特殊教育学校、幼儿园的办学、办园条件，鼓励和支持社会力量举办特殊教育学校、幼儿园。

**第八十七条** 地方人民政府及其有关部门应当保障校园安全，监督、指导学校、幼儿园等单位落实校园安全责任，建立突发事件的报告、处置和协调机制。

**第八十八条** 公安机关和其他有关部门应当依法维护校园周边的治安和交通秩序，设置监控设备和交通安全设施，预防和制止侵害未成年人的违法犯罪行为。

第八十九条　地方人民政府应当建立和改善适合未成年人的活动场所和设施，支持公益性未成年人活动场所和设施的建设和运行，鼓励社会力量兴办适合未成年人的活动场所和设施，并加强管理。

地方人民政府应当采取措施，鼓励和支持学校在国家法定节假日、休息日及寒暑假期将文化体育设施对未成年人免费或者优惠开放。

地方人民政府应当采取措施，防止任何组织或者个人侵占、破坏学校、幼儿园、婴幼儿照护服务机构等未成年人活动场所的场地、房屋和设施。

第九十条　各级人民政府及其有关部门应当对未成年人进行卫生保健和营养指导，提供卫生保健服务。

卫生健康部门应当依法对未成年人的疫苗预防接种进行规范，防治未成年人常见病、多发病，加强传染病防治和监督管理，做好伤害预防和干预，指导和监督学校、幼儿园、婴幼儿照护服务机构开展卫生保健工作。

教育行政部门应当加强未成年人的心理健康教育，建立未成年人心理问题的早期发现和及时干预机制。卫生健康部门应当做好未成年人心理治疗、心理危机干预以及精神障碍早期识别和诊断治疗等工作。

第九十一条　各级人民政府及其有关部门对困境未成年人实施分类保障，采取措施满足其生活、教育、安全、医疗康复、住房等方面的基本需要。

第九十二条　具有下列情形之一的，民政部门应当依法对未成年人进行临时监护：

（一）未成年人流浪乞讨或者身份不明，暂时查找不到父母或者其他监护人；

（二）监护人下落不明且无其他人可以担任监护人；

（三）监护人因自身客观原因或者因发生自然灾害、事故灾难、公共卫生事件等突发事件不能履行监护职责，导致未成年人监护缺失；

（四）监护人拒绝或者怠于履行监护职责，导致未成年人处于无人照料的状态；

（五）监护人教唆、利用未成年人实施违法犯罪行为，未成年人需要被带离安置；

（六）未成年人遭受监护人严重伤害或者面临人身安全威胁，需要被紧急安置；

（七）法律规定的其他情形。

第九十三条　对临时监护的未成年人，民政部门可以采取委托亲属抚养、家庭寄养等方式进行安置，也可以交由未成年人救助保护机构或者儿童福利机构进行收留、抚养。

临时监护期间，经民政部门评估，监护人重新具备履行监护职责条件的，民政部门可以将未成年人送回监护人抚养。

第九十四条　具有下列情形之一的，民政部门应当依法对未成年人进行长期监护：

（一）查找不到未成年人的父母或者其他监护人；

（二）监护人死亡或者被宣告死亡且无其他人可以担任监护人；

（三）监护人丧失监护能力且无其他人可以担任监护人；

（四）人民法院判决撤销监护人资格并指定由民政部门担任监护人；

（五）法律规定的其他情形。

第九十五条　民政部门进行收养评估后，可以依法将其长期监护的未成年人交由符合条件的申请人收养。收养关系成立后，民政部门与未成年人的监护关系终止。

第九十六条　民政部门承担临时监护或者长期监护职责的，财政、教育、卫生健康、公安等部门应当根据各自职责予以配合。

县级以上人民政府及其民政部门应当根据需要设立未成年人救助保护机构、儿童福利机构，负责收留、抚养由民政部门监护的未成年人。

第九十七条　县级以上人民政府应当开通全国统一的未成年人保护热线，及时受理、转介侵犯未成年人合法权益的投诉、举报；鼓励和支持人民团体、企业事业单位、社会组织参与建设未成年人保护服务平台、服务热线、服务站点，提供未成年人保护方面的咨询、帮助。

第九十八条　国家建立性侵害、虐待、拐卖、暴力伤害等违法犯罪人员信息查询系统，向密切接触未成年人的单位提供免费查询服务。

第九十九条　地方人民政府应当培育、引导和规范有关社会组织、社会工作者参与未成年人保护工作，开展家庭教育指导服务，为未成年人的心理辅导、康复救助、监护及收养评估等提供专业服务。

第七章　司法保护

第一百条　公安机关、人民检察院、人民法院和司法行政部门应当依法履行职责，保障未成年人合法权益。

第一百零一条　公安机关、人民检察院、人民法院和司法行政部门应当确定专门机构或者指定专门人员，负责办理涉及未成年人案件。办理涉及未成年人案件的人员应当经过专门培训，熟悉未成年人身心特点。专门机构或者专门人员中，应当有女性工作人员。

公安机关、人民检察院、人民法院和司法行政部门应当对上述机构和人员实行与未成年人保护工作相适应的评价考核标准。

第一百零二条　公安机关、人民检察院、人民法院和司法行政部门办理涉及未成年人案件，应当考虑未成年人身心特点和健康成长的需要，使用未成年人能够理解的语言和表达方式，听取未成年人的意见。

第一百零三条　公安机关、人民检察院、人民法院、司法行政部门以及其他组织和个人不得披露有关案件中未成年人的姓名、影像、住所、就读学校以及其他可能识别出其身份的信息，但查找失踪、被拐卖未成年人等情形除外。

第一百零四条　对需要法律援助或者司法救助的未成年人，法律援助机构或者公安机关、人民检察院、人民法院和司法行政部门应当给予帮助，依法为其提供法律援助或者司法救助。

法律援助机构应当指派熟悉未成年人身心特点的律师为未成年人提供法律援助服务。

法律援助机构和律师协会应当对办理未成年人法律援助案件的律师进行指导和培训。

第一百零五条　人民检察院通过行使检察权，对涉及未成年人的诉讼活动等依法进行监督。

第一百零六条　未成年人合法权益受到侵犯，相关组织和个人未代为提起诉讼的，人民检察院可以督促、支持其提起诉讼；涉及公共利益的，人民检察院有权提起公益诉讼。

第一百零七条　人民法院审理继承案件，应当依法保护未成年人的继承权和受遗赠权。

人民法院审理离婚案件，涉及未成年子女抚养问题的，应当尊重已满八周岁未成年子女的真实意愿，根据双方具体情况，按照最有利于未成年子女的原则依法处理。

**第一百零八条** 未成年人的父母或者其他监护人不依法履行监护职责或者严重侵犯被监护的未成年人合法权益的，人民法院可以根据有关人员或者单位的申请，依法作出人身安全保护令或者撤销监护人资格。

被撤销监护人资格的父母或者其他监护人应当依法继续负担抚养费用。

**第一百零九条** 人民法院审理离婚、抚养、收养、监护、探望等案件涉及未成年人的，可以自行或者委托社会组织对未成年人的相关情况进行社会调查。

**第一百一十条** 公安机关、人民检察院、人民法院讯问未成年犯罪嫌疑人、被告人，询问未成年被害人、证人，应当依法通知其法定代理人或者其成年亲属、所在学校的代表等合适成年人到场，并采取适当方式，在适当场所进行，保障未成年人的名誉权、隐私权和其他合法权益。

人民法院开庭审理涉及未成年人案件，未成年被害人、证人一般不出庭作证；必须出庭的，应当采取保护其隐私的技术手段和心理干预等保护措施。

**第一百一十一条** 公安机关、人民检察院、人民法院应当与其他有关政府部门、人民团体、社会组织互相配合，对遭受性侵害或者暴力伤害的未成年被害人及其家庭实施必要的心理干预、经济救助、法律援助、转学安置等保护措施。

**第一百一十二条** 公安机关、人民检察院、人民法院办理未成年人遭受性侵害或者暴力伤害案件，在询问未成年被害人、证人时，应当采取同步录音录像等措施，尽量一次完成；未成年被害人、证人是女性的，应当由女性工作人员进行。

**第一百一十三条** 对违法犯罪的未成年人，实行教育、感化、挽救的方针，坚持教育为主、惩罚为辅的原则。

对违法犯罪的未成年人依法处罚后，在升学、就业等方面不得歧视。

**第一百一十四条** 公安机关、人民检察院、人民法院和司法行政部门发现有关单位未尽到未成年人教育、管理、救助、看护等保护职责的，应当向该单位提出建议。被建议单位应当在一个月内作出书面回复。

**第一百一十五条** 公安机关、人民检察院、人民法院和司法行政部门应当结合实际，根据涉及未成年人案件的特点，开展未成年人法治宣传教育工作。

**第一百一十六条** 国家鼓励和支持社会组织、社会工作者参与涉及未成年人案件中未成年人的心理干预、法律援助、社会调查、社会观护、教育矫治、社区矫正等工作。

## 第八章 法律责任

**第一百一十七条** 违反本法第十一条第二款规定，未履行报告义务造成严重后果的，由上级主管部门或者所在单位对直接负责的主管人员和其他直接责任人员依法给予处分。

**第一百一十八条** 未成年人的父母或者其他监护人不依法履行监护职责或者侵犯未成年人合法权益的，由其居住地的居民委员会、村民委员会予以劝诫、制止；情节严重的，居民委员会、村民委员会应当及时向公安机关报告。

公安机关接到报告或者公安机关、人民检察院、人民法院在办理案件过程中发现未成年人的父母或者其他监护人存在上述情形的，应当予以训诫，并可以责令其接受家庭教育指导。

**第一百一十九条** 学校、幼儿园、婴幼儿照护服务等机构及其教职员工违反本法第二十七条、第二十八条、第三十九条规定的，由公安、教育、卫生健康、市场监督管理等部门按照职责分工责令改正；拒不改正或者情节严重的，对直接负责的主管人员和其他直接责任人员依法给予处分。

**第一百二十条** 违反本法第四十四条、第四十五条、第四十七条规定，未给予未成年人免费或者优惠待遇的，由市场监督管理、文化和旅游、交通运输等部门按照职责分工责令限期改正，给予警告；拒不改正的，处一万元以上十万元以下罚款。

**第一百二十一条** 违反本法第五十条、第五十一条规定的，由新闻出版、广播电视、电影、网信等部门按照职责分工责令限期改正，给予警告，没收违法所得，可以并处十万元以下罚款；拒不改正或者情节严重的，责令暂停相关业务、停产停业或者吊销营业执照、吊销相关许可证，违法所得一百万元以上的，并处违法所得一倍以上十倍以下的罚款，没有违法所得或者违法所得不足一百万元的，并处十万元以上一百万元以下罚款。

**第一百二十二条** 场所运营单位违反本法第五十六条第二款规定、住宿经营者违反本法第五十七条规定的，由市场监督管理、应急管理、公安等部门按照职责分工责令限期改正，给予警告；拒不改正或者造成严重后果的，责令停业整顿或者吊销营业执照、吊销相关许可证，并处一万元以上十万元以下罚款。

**第一百二十三条** 相关经营者违反本法第五十八条、第五十九条第一款、第六十条规定的，由文化和旅游、市场监督管理、烟草专卖、公安等部门按照职责分工责令限期改正，给予警告，没收违法所得，可以并处五万元以下罚款；拒不改正或者情节严重的，责令停业整顿或者吊销营业执照、吊销相关许可证，可以并处五万元以上五十万元以下罚款。

**第一百二十四条** 违反本法第五十九条第二款规定，在学校、幼儿园和其他未成年人集中活动的公共场所吸烟、饮酒的，由卫生健康、教育、市场监督管理等部门按照职责分工责令改正，给予警告，可以并处五百元以下罚款；场所管理者未及时制止的，由卫生健康、教育、市场监督管理等部门按照职责分工给予警告，并处一万元以下罚款。

**第一百二十五条** 违反本法第六十一条规定的，由文化和旅游、人力资源和社会保障、市场监督管理等部门按照职责分工责令限期改正，给予警告，没收违法所得，可以并处十万元以下罚款；拒不改正或者情节严重的，责令停产停业或者吊销营业执照、吊销相关许可证，并处十万元以上一百万元以下罚款。

**第一百二十六条** 密切接触未成年人的单位违反本法第六十二条规定，未履行查询义务，或者招用、继续聘用具有相关违法犯罪记录人员的，由教育、人力资源和社会保障、市场监督管理等部门按照职责分工责令限期改正，给予警告，并处五万元以下罚款；拒不改正或者造成严重后果的，责令停业整顿或者吊销营业执照、吊销相关许可证，并处五万元以上五十万元以下罚款，对直接负责的主管人员和其他直接责任人员依法给予处分。

**第一百二十七条** 信息处理者违反本法第七十二条规定，或者网络产品和服务提供者违反本法第七十三条、第七十四条、第七十五条、第七十六条、第七十七条、第八十条规定的，由公安、网信、电信、新闻出版、广播电视、文化和旅游等有关部门按照职责分工责令改正，给予警告，没收违法所得，违法所得一百万元以上的，并处违法所得一倍以上十倍以下罚款，没有违法所得或者违法所得不足一百万元的，并处十万元以上一百万元以下罚款，对直接负责的主管人员和其他责任人员处一万元以上十万元以下罚款；拒不改正或者情节严重的，并可以责令暂停相关业务、停业整顿、关闭网站、吊销营业执照或者吊销相关许可证。

**第一百二十八条** 国家机关工作人员玩忽职守、滥用职权、徇私舞弊，损害未成年人合法权益的，依法给予处分。

**第一百二十九条** 违反本法规定，侵犯未成年人合法权益，造成人身、财产或者其他损害的，依法承担民事责任。

违反本法规定，构成违反治安管理行为的，依法给予治安管理处罚；构成犯罪的，依法追究刑事责任。

## 第九章 附 则

**第一百三十条** 本法中下列用语的含义：

（一）密切接触未成年人的单位，是指学校、幼儿园等教育机构；校外培训机构；未成年人救助保护机构、儿童福利机构等未成年人安置、救助机构；婴幼儿照护服务机构、早期教育服务机构；校外托管、临时看护机构；家政服务机构；为未成年人提供医疗服务的医疗机构；其他对未成年人负有教育、培训、监护、救助、看护、医疗等职责的企业事业单位、社会组织等。

（二）学校，是指普通中小学、特殊教育学校、中等职业学校、专门学校。

（三）学生欺凌，是指发生在学生之间，一方蓄意或者恶意通过肢体、语言及网络等手段实施欺压、侮辱，造成另一方人身伤害、财产损失或者精神损害的行为。

**第一百三十一条** 对中国境内未满十八周岁的外国人、无国籍人，依照本法有关规定予以保护。

**第一百三十二条** 本法自 2021 年 6 月 1 日起施行。

# 教师资格条例

（1995 年 12 月 12 日国务院令第 188 号发布）

### 第一章 总 则

**第一条** 为了提高教师素质，加强教师队伍建设，依据《中华人民共和国教师法》（以下简称教师法），制定本条例。

**第二条** 中国公民在各级各类学校和其他教育机构中专门从事教育教学工作，应当依法取得教师资格。

**第三条** 国务院教育机构部门主管全国教师资格工作。

### 第二章 教师资格分类与适用

**第四条** 教师资格分为：

（一）幼儿园教师资格；

（二）小学教师资格；

（三）初级中学教师和初级职业学校文化课、专业课教师资格（以下统称初级中学教师资格）；

（四）高级中学教师资格；

（五）中等专业学校、技工学校、职业高级中学文化课、专业课教师资格（以下统称中等职业学校教师资格）；

（六）中等专业学校、技工学校、职业高级中学实习指导教师资格（以下统称中等职业学校实习指导教师资格）；

（七）高等学校教师资格。

成人教育的教师资格，按照成人教育的层次，依照上款规定确定类别。

**第五条** 取得教师资格的公民，可以在本级及其以下等级的各类学校和其他教育机构担任教师；但是，取得中等职业学校实习指导教师资格的公民只能在中等专业学校、技工学校、职业高级中学或者初级职业学校担任实习指导教师。

高级中学教师资格与中等职业学校教师资格相互通用。

### 第三章 教师资格条件

**第六条** 教师资格条件依照教师法第十条第二款的规定执行，其中"有教育教学能力"应当包括符合国家规定的从事教育教学工作的身体条件。

**第七条** 取得教师资格应当具备的相应学历，依照教师法第十一条的规定执行。

取得中等职业学校实习指导教师资格，应当具备国务院教育机构部门规定的学历，并应当具有相当助理工程师以上专业技术职务或者中级以上工人技术等级。

## 第四章　教师资格考试

**第八条**　不具备教师法规定的教师资格学历的公民，申请获得教师资格，应当通过国家举办的或者认可的教师资格考试。

**第九条**　教师资格考试科目、标准和考试大纲由国务院教育机构部门审定。

教师资格考试试卷的编制、考务工作和考试成绩证明的发放，属于幼儿园、小学、初级中学、高级中学、中等职业学校教师资格考试和中等职业学校实习指导教师资格考试的，由县级以上人民政府教育机构部门组织实施；属于高等学校教师资格考试的，由国务院教育机构部门或者省、自治区、直辖市人民政府教育机构部门委托的高等学校组织实施。

**第十条**　幼儿园、小学、初级中学、高级中学、中等职业学校的教师资格考试和中等职业学校实习指导教师资格考试，每年进行一次。

参加前款所列教师资格考试，考试科目全部及格的，发给教师资格考试合格证明；当年考试不及格的科目，可以在下一年度补考；经补考仍有一门或者一门以上科目不及格的，应当重新参加全部考试科目的考试。

**第十一条**　高等学校教师资格考试根据需要举行。

申请参加高等学校教师资格考试的，应当学有专长，并有两名相关专业的教授或者副教授推荐。

## 第五章　教师资格认定

**第十二条**　具备教师法规定的学历或者经教师资格考试合格的公民，可以依照本条例的规定申请认定其教师资格。

**第十三条**　幼儿园、小学和初级中学教师资格，由申请人户籍所在地或者申请人任教学校所在地的县级人民政府教育机构部门认定。高级中学教师资格，由申请人户籍所在地或者申请人任教学校所在地的县级人民政府教育机构部门审查后，报上一级教育机构部门认定。中等职业学校教师资格和中等职业学校实习指导教师资格，由申请人户籍所在地或者申请人任教学校所在地的县级人民政府教育机构部门审查后，报上一级教育机构部门认定或者组织有关部门认定。

受国务院教育机构部门或者省、自治区、直辖市人民政府教育机构部门委托的高等学校，负责认定在本校任职的人员和拟聘人员的高等学校教师资格。

在未受国务院教育机构部门或者省、自治区、直辖市人民政府教育机构部门委托的高等学校任职的人员和拟聘人员的高等学校教师资格，按照学校行政隶属关系，由国务院教育机构部门认定或者由学校所在地的省、自治区、直辖市人民政府教育机构部门认定。

**第十四条**　认定教师资格，应当由本人提出申请。

教育机构部门和受委托的高等学校每年春季、秋季各受理一次教师资格认定申请。具体受理期限由教育机构部门或者受委托的高等学校规定，并以适当形式公布。申请人应当在规定的受理期限内提出申请。

**第十五条** 申请认定教师资格，应当提交教师资格认定申请表和下列证明或者材料：

（一）身份证明；

（二）学历证书或者教师资格考试合格证明；

（三）教育机构部门或者受委托的高等学校指定的医院出具的体格检查证明；

（四）户籍所在地的街道办事处、乡人民政府或者工作单位、所毕业的学校对其思想品德、有无犯罪记录等方面情况的鉴定及证明材料。

申请人提交的证明或者材料不全的，教育机构部门或者受委托的高等学校应当及时通知申请人于受理期限终止前补齐。

教师资格认定申请表由国务院教育机构部门统一格式。

**第十六条** 教育机构部门或者受委托的高等学校在接到公民的教师资格认定申请后，应当对申请人的条件进行审查；对符合认定条件的，应当在受理期限终止之日起 30 日内颁发相应的教师资格证书；对不符合认定条件的，应当在受理期限终止之日起 30 日内将认定结论通知本人。

非师范院校毕业或者教师资格考试合格的公民申请认定幼儿园、小学或者其他教师资格的，应当进行面试和试讲，考察其教育教学能力；根据实际情况和需要，教育机构部门或者受委托的高等学校可以要求申请人补修教育学、心理学等课程。

教师资格证书在全国范围内适用。教师资格证书由国务院教育机构部门统一印制。

**第十七条** 已取得教师资格的公民拟取得更高等级学校或者其他教育机构教师资格的，应当通过相应的教师资格考试或者取得教师法规定的相应学历，并依照本章规定，经认定合格后，由教育机构部门或者受委托的高等学校颁发相应的教师资格证书。

## 第六章 罚 则

**第十八条** 依照教师法第十四条的规定丧失教师资格的，不能重新取得教师资格，其教师资格证书由县级以上人民政府教育机构部门收缴。

**第十九条** 有下列情形之一的，由县级以上人民政府教育机构部门撤销其教师资格：

（一）弄虚作假、骗取教师资格的；

（二）品行不良、侮辱学生，影响恶劣的。

被撤销教师资格的，自撤销之日起 5 年内不得重新申请认定教师资格，其教师资格证书由县级以上人民政府教育机构部门收缴。

**第二十条** 参加教师资格考试有作弊行为的，其考试成绩作废，3 年内不得再次参加教师资格考试。

**第二十一条** 教师资格考试命题人员和其他有关人员违反保密规定，造成试题、参考答案及评分标准泄露的，依法追究法律责任。

**第二十二条** 在教师资格认定工作中玩忽职守、徇私舞弊，对教师资格认定工作造成损失的，由教育机构部门依法给予行政处分；构成犯罪的，依法追究刑事责任。

## 第七章 附 则

**第二十三条** 本条例自发布之日起施行。

# 幼儿园管理条例

（中华人民共和国国家教育委员会令第 4 号 1989 年 9 月 11 日发布）

## 第一章 总 则

**第一条** 为了加强幼儿园的管理，促进幼儿教育事业的发展，制定本条例。

**第二条** 本条例适用于招收三周岁以上学龄前幼儿，对其进行保育和教育的幼儿园。

**第三条** 幼儿园的保育和教育工作应当促进幼儿在体、智、德、美诸方面和谐发展。

**第四条** 地方各级人民政府应当根据本地区社会经济发展状况，制订幼儿园的发展规划。

幼儿园的设置应当与当地居民人口相适应。

乡、镇、市辖区和不设区的市的幼儿园的发展规划，应当包括幼儿园设置的布局方案。

**第五条** 地方各级人民政府可以依据本条例举办幼儿园，并鼓励和支持企业事业单位、社会团体、居民委员会、村民委员会和公民举办幼儿园或捐资助园。

**第六条** 幼儿园的管理实行地方负责、分级管理和各有关部门分工负责的原则。

国家教育委员会主管全国的幼儿园管理工作；地方各级人民政府的教育行政部门，主管本行政辖区内的幼儿园管理工作。

## 第二章 举办幼儿园的基本条件和审批程序

**第七条** 举办幼儿园必须将幼儿园设置在安全区域内。严禁在污染区和危险区内设置幼儿园。

**第八条** 举办幼儿园必须具有与保育、教育的要求相适应的园舍和设施。幼儿园的园舍和设施必须符合国家的卫生标准和安全标准。

**第九条** 举办幼儿园应当具有符合下列条件的保育、幼儿教育、医务和其他工作人员：

（一）幼儿园园长、教师应当具有幼儿师范学校（包括职业学校幼儿教育专业）毕业程度，或者经教育行政部门考核合格。

（二）医师应当具有医学院校毕业程度，医士和护士应当具有中等卫生学校毕业程度，或者取得卫生行政部门的资格认可。

（三）保健员应当具有高中毕业程度，并受过幼儿保健培训。

（四）保育员应当具有初中毕业程度，并受过幼儿保育职业培训。

慢性传染病、精神病患者，不得在幼儿园工作。

**第十条** 举办幼儿园的单位或者个人必须具有进行保育、教育以及维修或扩建、改建幼儿园的园舍与设施的经费来源。

**第十一条** 国家实行幼儿园登记注册制度，未经登记注册，任何单位和个人不得举办幼儿园。

**第十二条** 城市幼儿园的举办、停办、由所在区、不设区的市的人民政府教育行政部门登记注册。

农村幼儿园的举办、停办，由所在乡、镇人民政府登记注册，并报县人民政府教育行政部门备案。

## 第三章 幼儿园的保育和教育工作

**第十三条** 幼儿园应当贯彻保育与教育相结合的原则，创设与幼儿的教育和发展相适应的和谐环境，引导幼儿个性的健康发展。

幼儿园应当保障幼儿的身体健康，培养幼儿的良好生活、卫生习惯；促进幼儿的智力发展；培养幼儿热爱祖国的情感以及良好的品德行为。

**第十四条** 幼儿园的招生、编班应当符合教育行政部门的规定。

**第十五条** 幼儿园应当使用全国通用的普通话。招收少数民族为主的幼儿园，可以使用本民族通用的语言。

**第十六** 条幼儿园应当以游戏为基本活动形式。

幼儿园可以根据本园的实际，安排和选择教育内容与方法，但不得进行违背幼儿教育规律，有损于幼儿身心健康的活动。

**第十七条** 严禁体罚和变相体罚幼儿。

**第十八条** 幼儿园应当建立卫生保健制度，防止发生食物中毒和传染病的流行。

**第十九条** 幼儿园应当建立安全防护制度，严禁在幼儿园内设置威胁幼儿安全的危险建筑物和设施，严禁使用有毒、有害物质制作教具、玩具。

**第二十条** 幼儿园发生食物中毒、传染病流行时，举办幼儿园的单位或者个人应当立即采取紧急救护措施，并及时报告当地教育行政部门或卫生行政部门。

**第二十一条** 幼儿园的园舍和设施有可能发生危险时，举办幼儿园的单位或个人应当采取措施，排除险情，防止事故发生。

## 第四章 幼儿园的行政事务

**第二十二条** 各级教育行政部门应当负责监督、评估和指导幼儿园的保育、教育工作，组织培训幼儿园的师资，审定、考核幼儿园教师的资格，并协助卫生行政部门检查和指导幼儿园的卫生保健工作，会同建设行政部门制定幼儿园园舍、设施的标准。

**第二十三条** 幼儿园园长负责幼儿园的工作。

幼儿园园长由举办幼儿园的单位或个人聘任，并向幼儿园的登记注册机关备案。

幼儿园的教师、医师、保健员、保育员和其他工作人员，由幼儿园园长聘任，也可由举办幼儿园的单位或个人聘任。

**第二十四条** 幼儿园可以依据本省、自治区、直辖市人民政府制定的收费标准，向幼儿家长收取保育费、教育费。

幼儿园应当加强财务管理，合理使用各项经费，任何单位和个人不得克扣、挪用幼儿园经费。

**第二十五条** 任何单位和个人，不得侵占和破坏幼儿园园舍和设施，不得在幼儿园周围设置有危险、有污染或影响幼儿园采光的建筑和设施，不得干扰幼儿园正常的工作秩序。

第五章　奖励与处罚

**第二十六条**　凡具备下列条件之一的单位或者个人，由教育行政部门和有关部门予以奖励：

（一）改善幼儿园的办园条件成绩显著的：

（二）保育、教育工作成绩显著的；

（三）幼儿园管理工作成绩显著的。

**第二十七条**　违反本条例，具有下列情形之一的幼儿园，由教育行政部门视情节轻重，给予限期整顿、停止招生、停止办园的行政处罚：

（一）未经登记注册，擅自招收幼儿的；

（二）园舍、设施不符合国家卫生标准、安全标准，妨害幼儿身体健康或者威胁幼儿生命安全的；

（三）教育内容和方法违背幼儿教育规律，损害幼儿身心健康的。

**第二十八条**　违反本条例，具有下列情形之一的单位或者个人，由教育行政部门对直接责任人员给予警告、罚款的行政处罚，或者由教育行政部门建议有关部门对责任人员给予行政处分：

（一）体罚或变相体罚幼儿的；

（二）使用有毒、有害物质制作教具、玩具的；

（三）克扣、挪用幼儿园经费的；

（四）侵占、破坏幼儿园园舍、设备的；

（五）干扰幼儿园正常工作秩序的；

（六）在幼儿园周围设置有危险、有污染或者影响幼儿园采光的建设和设施的。

前款所列情形，情节严重，构成犯罪的，由司法机关依法追究刑事责任。

**第二十九条**　当事人对行政处罚不服的，可以在接到处罚通知之日起十五日内，向作出处罚决定的机关的上一级机关申请复议，对复议决定不服的，可在接到复议决定之日起十五日内，向人民法院提起诉讼。当事人逾期不申请复议或者不向人民法院提起诉讼又不履行处罚决定的，由作出处罚决定的机关申请人民法院强制执行。

第六章　附　　则

**第三十条**　省、自治区、直辖市人民政府可根据本条例制定实施办法。

**第三十一条**　本条例由国家教育委员会解释。

**第三十二条**　本条例自一九九〇年二月一日起施行。

# 幼儿园教育指导纲要（试行）

### 第一部分　总　则

一、为贯彻《中华人民共和国教育法》《幼儿园管理条例》和《幼儿园工作规程》，指导幼儿园深入实施素质教育，特制定本纲要。

二、幼儿园教育是基础教育的重要组成部分，是我国学校教育和终身教育的奠基阶段。城乡各类幼儿园都应从实际出发，因地制宜地实施素质教育，为幼儿一生的发展打好基础。

三、幼儿园应与家庭、社区密切合作，与小学相互衔接，综合利用各种教育资源，共同为幼儿的发展创造良好的条件。

四、幼儿园应为幼儿提供健康、丰富的生活和活动环境，满足他们多方面发展的需要，使他们在快乐的童年生活中获得有益于身心发展的经验。

五、幼儿园教育应尊重幼儿的人格和权利，尊重幼儿身心发展的规律和学习特点，以游戏为基本活动，保教并重，关注个别差异，促进每个幼儿富有个性的发展。

### 第二部分　教育内容与要求

幼儿园的教育内容是全面的、启蒙性的，可以相对划分为健康、语言、社会、科学、艺术等五个领域，也可作其它不同的划分。各领域的内容相互渗透，从不同的角度促进幼儿情感、态度、能力、知识、技能等方面的发展。

一、健康

（一）目标

1.身体健康，在集体生活中情绪安定、愉快；

2.生活、卫生习惯良好，有基本的生活自理能力；

3.知道必要的安全保健常识，学习保护自己；

4.喜欢参加体育活动，动作协调、灵活。

（二）内容与要求

1.建立良好的师生、同伴关系，让幼儿在集体生活中感到温暖，心情愉快，形成安全感、信赖感。

2.与家长配合，根据幼儿的需要建立科学的生活常规。培养幼儿良好的饮食、睡眠、盥洗、排泄等生活习惯和生活自理能力。

3.教育幼儿爱清洁、讲卫生，注意保持个人和生活场所的整洁和卫生。

4.密切结合幼儿的生活进行安全、营养和保健教育，提高幼儿的自我保护意识和能力。

5.开展丰富多彩的户外游戏和体育活动，培养幼儿参加体育活动的兴趣和习惯，增强体质，提高对环境的适应能力。

6.用幼儿感兴趣的方式发展基本动作，提高动作的协调性、灵活性。

7. 在体育活动中，培养幼儿坚强、勇敢、不怕困难的意志品质和主动、乐观、合作的态度。

（三）指导要点

1. 幼儿园必须把保护幼儿的生命和促进幼儿的健康放在工作的首位。树立正确的健康观念，在重视幼儿身体健康的同时，要高度重视幼儿的心理健康。

2. 既要高度重视和满足幼儿受保护、受照顾的需要，又要尊重和满足他们不断增长的独立要求，避免过度保护和包办代替，鼓励并指导幼儿自理、自立的尝试。

3. 健康领域的活动要充分尊重幼儿生长发育的规律，严禁以任何名义进行有损幼儿健康的比赛、表演或训练等。

4. 培养幼儿对体育活动的兴趣是幼儿园体育的重要目标，要根据幼儿的特点组织生动有趣、形式多样的体育活动，吸引幼儿主动参与。

二、语言

（一）目标

1. 乐观与人交谈，讲话礼貌；

2. 注意倾听对方讲话，能理解日常用语；

3. 能清楚地说出自己想说的事；

4. 喜欢听故事、看图书；

5. 能听懂和会说普通话。

（二）内容与要求

1. 创造一个自由、宽松的语言交往环境，支持、鼓励、吸引幼儿与教师、同伴或其他人交谈，体验语言交流的乐趣，学习使用适当的、礼貌的语言交往。

2. 养成幼儿注意倾听的习惯，发展语言理解能力。

3. 鼓励幼儿大胆、清楚地表达自己的想法和感受，尝试说明、描述简单的事物或过程，发展语言表达能力和思维能力。

4. 引导幼儿接触优秀的儿童文学作品，使之感受语言的丰富和优美，并通过多种活动帮助幼儿加深对作品的体验和理解。

5. 培养幼儿对生活中常见的简单标记和文字符号的兴趣。

6. 利用图书、绘画和其他多种方式，引发幼儿对书籍、阅读和书写的兴趣，培养前阅读和前书写技能。

7. 提供普通话的语言环境，帮助幼儿熟悉、听懂并学说普通话。少数民族地区还应帮助幼儿学习本民族语言。

（三）指导要点

1. 语言能力是在运用的过程中发展起来的，发展幼儿语言的关键是创设一个能使他们想说、敢说、喜欢说、有机会说并能得到积极应答的环境。

2. 幼儿语言的发展与其情感、经验、思维、社会交往能力等其它方面的发展密切相关，因此，发展幼儿语言的重要途径是通过互相渗透的各领域的教育，在丰富多彩的活动中去扩展幼儿的经验，提供促进语言发展的条件。

3. 幼儿的语言学习具有个别化的特点，教师与幼儿的个别交流、幼儿之间的自由交谈等，对幼儿语言发展具有特殊意义。

4.对有语言障碍的儿童要给予特别关注，要与家长和有关方面密切配合，积极地帮助他们提高语言能力。

三、社会

（一）目标

1.能主动地参与各项活动，有自信心；

2.乐意与人交往，学习互助、合作和分享，有同情心；

3.理解并遵守日常生活中基本的社会行为规则；

4.能努力做好力所能及的事，不怕困难，有初步的责任感；

5.爱父母长辈、老师和同伴，爱集体、爱家乡、爱祖国。

（二）内容与要求

1.引导幼儿参加各种集体活动，体验与教师、同伴等共同生活的乐趣，帮助他们正确认识自己和他人，养成对他人、社会亲近、合作的态度，学习初步的人际交往技能。

2.为每个幼儿提供表现自己长处和获得成功的机会，增强其自尊心和自信心。

3.提供自由活动的机会，支持幼儿自主地选择、计划活动，鼓励他们通过多方面的努力解决问题，不轻易放弃克服困难的尝试。

4.在共同的生活和活动中，以多种方式引导幼儿认识、体验并理解基本的社会行为规则，学习自律和尊重他人。

5.教育幼儿爱护玩具和其他物品，爱护公物和公共环境。

6.与家庭、社区合作，引导幼儿了解自己的亲人以及与自己生活有关的各行各业人们的劳动，培养其对劳动者的热爱和对劳动成果的尊重。

7.充分利用社会资源，引导幼儿实际感受祖国文化的丰富与优秀，感受家乡的变化和发展，激发幼儿爱家乡、爱祖国的情感。

8.适当向幼儿介绍我国各民族和世界其他国家、民族的文化，使其感知人类文化的多样性和差异性，培养理解、尊重、平等的态度。

（三）指导要点

1.社会领域的教育具有潜移默化的特点。幼儿社会态度和社会情感的培养尤应渗透在多种活动和一日生活的各个环节之中，要创设一个能使幼儿感受到接纳、关爱和支持的良好环境，避免单一呆板的言语说教。

2.幼儿与成人、同伴之间的共同生活、交往、探索、游戏等，是其社会学习的重要途径。应为幼儿提供人际间相互交往和共同活动的机会和条件，并加以指导。

3.社会学习是一个漫长的积累过程，需要幼儿园、家庭和社会密切合作，协调一致，共同促进幼儿良好社会性品质的形成。

四、科学

（一）目标

1.对周围的事物、现象感兴趣，有好奇心和求知欲；

2.能运用各种感官，动手动脑，探究问题；

3.能用适当的方式表达、交流探索的过程和结果；

4.能从生活和游戏中感受事物的数量关系并体验到数学的重要和有趣；

5.爱护动植物，关心周围环境，亲近大自然，珍惜自然资源，有初步的环保意识。

（二）内容与要求

1. 引导幼儿对身边常见事物和现象的特点、变化规律产生兴趣和探究的欲望。

2. 为幼儿的探究活动创造宽松的环境，让每个幼儿都有机会参与尝试，支持、鼓励他们大胆提出问题，发表不同意见，学会尊重别人的观点和经验。

3. 提供丰富的可操作的材料，为每个幼儿都能运用多种感官、多种方式进行探索提供活动的条件。

4. 通过引导幼儿积极参加小组讨论、探索等方式，培养幼儿合作学习的意识和能力，学习用多种方式表现、交流、分享探索的过程和结果。

5. 引导幼儿对周围环境中的数、量、形、时间和空间等现象产生兴趣，建构初步的数概念，并学习用简单的数学方法解决生活和游戏中某些简单的问题。

6. 从生活或媒体中幼儿熟悉的科技成果入手，引导幼儿感受科学技术对生活的影响，培养他们对科学的兴趣和对科学家的崇敬。

7. 在幼儿生活经验的基础上，帮助幼儿了解自然、环境与人类生活的关系。从身边的小事入手，培养初步的环保意识和行为。

（三）指导要点

1. 幼儿的科学教育是科学启蒙教育，重在激发幼儿的认识兴趣和探究欲望。

2. 要尽量创造条件让幼儿实际参加探究活动，使他们感受科学探究的过程和方法，体验发现的乐趣。

3. 科学教育应密切联系幼儿的实际生活进行，利用身边的事物与现象作为科学探索的对象。

五、艺术

（一）目标

1. 能初步感受并喜爱环境、生活和艺术中的美；

2. 喜欢参加艺术活动，并能大胆地表现自己的情感和体验；

3. 能用自己喜欢的方式进行艺术表现活动。

（二）内容与要求

1. 引导幼儿接触周围环境和生活中美好的人、事、物，丰富他们的感性经验和审美情趣，激发他们表现美、创造美的情趣。

2. 在艺术活动中面向全体幼儿，要针对他们的不同特点和需要，让每个幼儿都得到美的熏陶和培养。对有艺术天赋的幼儿要注意发展他们的艺术潜能。

3. 提供自由表现的机会，鼓励幼儿用不同艺术形式大胆地表达自己的情感、理解和想象，尊重每个幼儿的想法和创造，肯定和接纳他们独特的审美感受和表现方式，分享他们创造的快乐。

4. 在支持、鼓励幼儿积极参加各种艺术活动并大胆表现的同时，帮助他们提高表现的技能和能力。

5. 指导幼儿利用身边的物品或废旧材料制作玩具、手工艺品等来美化自己的生活或开展其他活动。

6. 为幼儿创设展示自己作品的条件，引导幼儿相互交流、相互欣赏、共同提高。

（三）指导要点

1. 艺术是实施美育的主要途径，应充分发挥艺术的情感教育功能，促进幼儿健全人格的形成。要避免仅仅重视表现技能或艺术活动的结果，而忽视幼儿在活动过程中的情感体验和态度的倾向。

2. 幼儿的创作过程和作品是他们表达自己的认识和情感的重要方式，应支持幼儿富有个性和创造性的表达，克服过分强调技能技巧和标准化要求的偏向。

3. 幼儿艺术活动的能力是在大胆表现的过程中逐渐发展起来的，教师的作用应主要在于激发幼儿感受美、表现美的情趣，丰富他们的审美经验，使之体验自由表达和创造的快乐。在此基础上，根据幼儿的发展状况和需要，对表现方式和技能技巧给予适时、适当的指导。

第三部分　组织与实施

一、幼儿园的教育是为所有在园幼儿的健康成长服务的，要为每一个儿童，包括有特殊需要的儿童提供积极的支持和帮助。

二、幼儿园的教育活动，是教师以多种形式有目的、有计划地引导幼儿生动、活泼、主动活动的教育过程。

三、教育活动的组织与实施过程是教师创造性地开展工作的过程。教师要根据本《纲要》，从本地、本国的条件出发，结合本班幼儿的实际情况，制定切实可行的工作计划并灵活地执行。

四、教育活动目标要以《幼儿园工作规程》和本《纲要》所提出的各领域目标为指导，结合本班幼儿的发展水平、经验和需要来确定。

五、教育活动内容的选择应遵照本《纲要》第二部分的有关条款进行，同时体现以下原则：

（一）既适合幼儿的现有水平，又有一定的挑战性。

（二）既符合幼儿的现实需要，又有利于其长远发展。

（三）既贴近幼儿的生活来选择幼儿感兴趣的事物和问题，又有助于拓展幼儿的经验和视野。

六、教育活动内容的组织应充分考虑幼儿的学习特点和认识规律，各领域的内容要有机联系，相互渗透，注重综合性、趣味性、活动性，寓教育于生活、游戏之中。

七、教育活动的组织形式应根据需要合理安排，因时、因地、因内容、因材料灵活地运用。

八、环境是重要的教育资源，应通过环境的创设和利用，有效地促进幼儿的发展。

（一）幼儿园的空间、设施、活动材料和常规要求等应有利于引发、支持幼儿的游戏和各种探索活动，有利于引发、支持幼儿与周围环境之间积极的相互作用。

（二）幼儿同伴群体及幼儿园教师集体是宝贵的教育资源，应充分发挥这一资源的作用。

（三）教师的态度和管理方式应有助于形成安全、温馨的心理环境；言行举止应成为幼儿学习的良好榜样。

（四）家庭是幼儿园重要的合作伙伴。应本着尊重、平等、合作的原则，争取家长的理解、支持和主动参与，并积极支持、帮助家长提高教育能力。

（五）充分利用自然环境和社区的教育资源，扩展幼儿生活和学习的空间。幼儿园同时应为社区的早期教育提供服务。

九、科学、合理地安排和组织一日生活。

（一）时间安排应有相对的稳定性与灵活性，既有利于形成秩序，又能满足幼儿的合理需要，照顾到个体差异。

（二）教师直接指导的活动和间接指导的活动相结合，保证幼儿每天有适当的自主选择和自由活动时间。教师直接指导的集体活动要能保证幼儿的积极参与，避免时间的隐性浪费。

（三）尽量减少不必要的集体行动和过渡环节，减少和消除消极等待现象。

（四）建立良好的常规，避免不必要的管理行为，逐步引导幼儿学习自我管理。

十、教师应成为幼儿学习活动的支持者、合作者、引导者。

（一）以关怀、接纳、尊重的态度与幼儿交往。耐心倾听，努力理解幼儿的想法与感受，支持、鼓励他们大胆探索与表达。

（二）善于发现幼儿感兴趣的事物、游戏和偶发事件中所隐含的教育价值，把握时机，积极引导。

（三）关注幼儿在活动中的表现和反应，敏感地察觉他们的需要，及时以适当的方式应答，形成合作探究式的师生互动。

（四）尊重幼儿在发展水平、能力、经验、学习方式等方面的个体差异，因人施教，努力使每一个幼儿都能获得满足和成功。

（五）关注幼儿的特殊需要，包括各种发展潜能和不同发展障碍，与家庭密切配合，共同促进幼儿健康成长。

十一、幼儿园教育要与0~3岁儿童的保育教育以及小学教育相互衔接。

## 第四部分　教育评价

一、教育评价是幼儿园教育工作的重要组成部分，是了解教育的适宜性、有效性，调整和改进工作，促进每一个幼儿发展，提高教育质量的必要手段。

二、管理人员、教师、幼儿及其家长均是幼儿园教育评价工作的参与者。评价过程是各方共同参与、相互支持与合作的过程。

三、评价的过程，是教师运用专业知识审视教育实践，发现、分析、研究、解决问题的过程，也是其自我成长的重要途径。

四、幼儿园教育工作评价实行以教师自评为主，园长以及有关管理人员、其他教师和家长等参与评价的制度。

五、评价应自然地伴随着整个教育过程进行。综合采用观察、谈话、作品分析等多种方法。

六、幼儿的行为表现和发展变化具有重要的评价意义，教师应视之为重要的评价信息和改进工作的依据。

七、教育工作评价宜重点考察以下方面：

（一）教育计划和教育活动的目标是否建立在了解本班幼儿现状的基础上。

（二）教育的内容、方式、策略、环境条件是否能调动幼儿学习的积极性。

（三）教育过程是否能为幼儿提供有益的学习经验，并符合其发展需要。

（四）教育内容、要求能否兼顾群体需要和个体差异，使每个幼儿都能得到发展，都有成功感。

（五）教师的指导是否有利于幼儿主动、有效地学习。

八、对幼儿发展状况的评估，要注意：

（一）明确评价的目的是了解幼儿的发展需要，以便提供更加适宜的帮助和指导。

（二）全面了解幼儿的发展状况，防止片面性，尤其要避免只重知识和技能，忽略情感、社会性和实际能力的倾向。

（三）在日常活动与教育教学过程中采用自然的方法进行。平时观察所获的具有典型意义的幼儿行为表现和所积累的各种作品等，是评价的重要依据。

（四）承认和关注幼儿的个体差异，避免用划一的标准评价不同的幼儿，在幼儿面前慎用横向的比较。

（五）以发展的眼光看待幼儿，既要了解现有水平，更要关注其发展的速度、特点和倾向等。

# 中小学幼儿园安全管理办法

## 第一章 总 则

**第一条** 为加强中小学、幼儿园安全管理，保障学校及其学生和教职工的人身、财产安全，维护中小学、幼儿园正常的教育教学秩序，根据《中华人民共和国教育法》等法律法规，制定本办法。

**第二条** 普通中小学、中等职业学校、幼儿园（班）、特殊教育学校、工读学校（以下统称学校）的安全管理适用本办法。

**第三条** 学校安全管理遵循积极预防、依法管理、社会参与、各负其责的方针。

**第四条** 学校安全管理工作主要包括：

（一）构建学校安全工作保障体系，全面落实安全工作责任制和事故责任追究制，保障学校安全工作规范、有序进行；

（二）健全学校安全预警机制，制定突发事件应急预案，完善事故预防措施，及时排除安全隐患，不断提高学校安全工作管理水平；

（三）建立校园周边整治协调工作机制，维护校园及周边环境安全；

（四）加强安全宣传教育培训，提高师生安全意识和防护能力；

（五）事故发生后启动应急预案、对伤亡人员实施救治和责任追究等。

**第五条** 各级教育、公安、司法行政、建设、交通、文化、卫生、工商、质检、新闻出版等部门在本级人民政府的领导下，依法履行学校周边治理和学校安全的监督与管理职责。

学校应当按照本办法履行安全管理和安全教育职责。

社会团体、企业事业单位、其他社会组织和个人应当积极参与和支持学校安全工作，依法维护学校安全。

## 第二章 安全管理职责

**第六条** 地方各级人民政府及其教育、公安、司法行政、建设、交通、文化、卫生、工商、质检、新闻出版等部门应当按照职责分工，依法负责学校安全工作，履行学校安全管理职责。

**第七条** 教育行政部门对学校安全工作履行下列职责：

（一）全面掌握学校安全工作状况，制定学校安全工作考核目标，加强对学校安全工作的检查指导，督促学校建立健全并落实安全管理制度；

（二）建立安全工作责任制和事故责任追究制，及时消除安全隐患，指导学校妥善处理学生伤害事故；

（三）及时了解学校安全教育情况，组织学校有针对性地开展学生安全教育，不断提高教育实效；

（四）制定校园安全的应急预案，指导、监督下级教育行政部门和学校开展安全工作；

（五）协调政府其他相关职能部门共同做好学校安全管理工作，协助当地人民政府组织对学校安全事故的救援和调查处理。

教育督导机构应当组织学校安全工作的专项督导。

**第八条** 公安机关对学校安全工作履行下列职责：

（一）了解掌握学校及周边治安状况，指导学校做好校园保卫工作，及时依法查处扰乱校园秩序、侵害师生人身、财产安全的案件；

（二）指导和监督学校做好消防安全工作；

（三）协助学校处理校园突发事件。

**第九条** 卫生部门对学校安全工作履行下列职责：

（一）检查、指导学校卫生防疫和卫生保健工作，落实疾病预防控制措施；

（二）监督、检查学校食堂、学校饮用水和游泳池的卫生状况。

**第十条** 建设部门对学校安全工作履行下列职责：

（一）加强对学校建筑、燃气设施设备安全状况的监管，发现安全事故隐患的，应当依法责令立即排除；

（二）指导校舍安全检查鉴定工作；

（三）加强对学校工程建设各环节的监督管理，发现校舍、楼梯护栏及其他教学、生活设施违反工程建设强制性标准的，应责令纠正；

（四）依法督促学校定期检验、维修和更新学校相关设施设备。

**第十一条** 质量技术监督部门应当定期检查学校特种设备及相关设施的安全状况。

**第十二条** 公安、卫生、交通、建设等部门应当定期向教育行政部门和学校通报与学校安全管理相关的社会治安、疾病防治、交通等情况，提出具体预防要求。

**第十三条** 文化、新闻出版、工商等部门应当对校园周边的有关经营服务场所加强管理和监督，依法查处违法经营者，维护有利于青少年成长的良好环境。

司法行政、公安等部门应当按照有关规定履行学校安全教育职责。

**第十四条** 举办学校的地方人民政府、企业事业组织、社会团体和公民个人，应当对学校安全工作履行下列职责：

（一）保证学校符合基本办学标准，保证学校围墙、校舍、场地、教学设施、教学用具、生活设施和饮用水源等办学条件符合国家安全质量标准；

（二）配置紧急照明装置和消防设施与器材，保证学校教学楼、图书馆、实验室、师生宿舍等场所的照明、消防条件符合国家安全规定；

（三）定期对校舍安全进行检查，对需要维修的，及时予以维修；对确认的危房，及时予以改造。

举办学校的地方人民政府应当依法维护学校周边秩序，保障师生和学校的合法权益，为学校提供安全保障。

有条件的，学校举办者应当为学校购买责任保险。

### 第三章 校内安全管理制度

**第十五条** 学校应当遵守有关安全工作的法律、法规和规章，建立健全校内各项安全管理制度和安全应急机制，及时消除隐患，预防发生事故。

**第十六条** 学校应当建立校内安全工作领导机构，实行校长负责制；应当设立保卫机构，配备专职或者兼职安全保卫人员，明确其安全保卫职责。

**第十七条** 学校应当健全门卫制度，建立校外人员入校的登记或者验证制度，禁止无关人员和校外机动车入内，禁止将非教学用易燃易爆物品、有毒物品、动物和管制器具等危险物品带入校园。

学校门卫应当由专职保安或者其他能够切实履行职责的人员担任。

**第十八条** 学校应当建立校内安全定期检查制度和危房报告制度，按照国家有关规定安排对学校建筑物、构筑物、设备、设施进行安全检查、检验；发现存在安全隐患的，应当停止使用，及时维修或者更换；维修、更换前应当采取必要的防护措施或者设置警示标志。学校无力解决或者无法排除的重大安全隐患，应当及时书面报告主管部门和其他相关部门。

学校应当在校内高地、水池、楼梯等易发生危险的地方设置警示标志或者采取防护设施。

**第十九条** 学校应当落实消防安全制度和消防工作责任制，对于政府保障配备的消防设施和器材加强日常维护，保证其能够有效使用，并设置消防安全标志，保证疏散通道、安全出口和消防车通道畅通。

**第二十条** 学校应当建立用水、用电、用气等相关设施设备的安全管理制度，定期进行检查或者按照规定接受有关主管部门的定期检查，发现老化或者损毁的，及时进行维修或者更换。

**第二十一条** 学校应当严格执行《学校食堂与学生集体用餐卫生管理规定》、《餐饮业和学生集体用餐配送单位卫生规范》，严格遵守卫生操作规范。建立食堂物资定点采购和索证、登记制度与饭菜留验和记录制度，检查饮用水的卫生安全状况，保障师生饮食卫生安全。

**第二十二条** 学校应当建立实验室安全管理制度，并将安全管理制度和操作规程置于实验室显著位置。

学校应当严格建立危险化学品、放射物质的购买、保管、使用、登记、注销等制度，保证将危险化学品、放射物质存放在安全地点。

**第二十三条** 学校应当按照国家有关规定配备具有从业资格的专职医务（保健）人员或者兼职卫生保健教师，购置必需的急救器材和药品，保障对学生常见病的治疗，并负责学校传染病疫情及其他突发公共卫生事件的报告。有条件的学校，应当设立卫生（保健）室。

新生入学应当提交体检证明。托幼机构与小学在入托、入学时应当查验预防接种证。学校应当建立学生健康档案，组织学生定期体检。

**第二十四条** 学校应当建立学生安全信息通报制度，将学校规定的学生到校和放学时间、学生非正常缺席或者擅自离校情况以及学生身体和心理的异常状况等关系学生安全的信息，及时告知其监护人。

对有特异体质、特定疾病或者其他生理、心理状况异常以及有吸毒行为的学生，学校应当做好安全信息记录，妥善保管学生的健康与安全信息资料，依法保护学生的个人隐私。

**第二十五条** 有寄宿生的学校应当建立住宿学生安全管理制度，配备专人负责住宿学生的生活管理和安全保卫工作。

学校应当对学生宿舍实行夜间巡查、值班制度，并针对女生宿舍安全工作的特点，加强对女生宿舍的安全管理。

学校应当采取有效措施，保证学生宿舍的消防安全。

**第二十六条** 学校购买或者租用机动车专门用于接送学生的，应当建立车辆管理制度，并及时到公安机关交通管理部门备案。接送学生的车辆必须检验合格，并定期维护和检测。

接送学生专用校车应当粘贴统一标识。标识样式由省级公安机关交通管理部门和教育行政部门制定。

学校不得租用拼装车、报废车和个人机动车接送学生。

接送学生的机动车驾驶员应当身体健康，具备相应准驾车型3年以上安全驾驶经历，最近3年内任一记分周期没有记满12分记录，无致人伤亡的交通责任事故。

**第二十七条** 学校应当建立安全工作档案，记录日常安全工作、安全责任落实、安全检查、安全隐患消除等情况。

安全档案作为实施安全工作目标考核、责任追究和事故处理的重要依据。

第四章 日常安全管理

**第二十八条** 学校在日常的教育教学活动中应当遵循教学规范，落实安全管理要求，合理预见、积极防范可能发生的风险。

学校组织学生参加的集体劳动、教学实习或者社会实践活动，应当符合学生的心理、生理特点和身体健康状况。

学校以及接受学生参加教育教学活动的单位必须采取有效措施，为学生活动提供安全保障。

**第二十九条** 学校组织学生参加大型集体活动，应当采取下列安全措施：

（一）成立临时的安全管理组织机构；

（二）有针对性地对学生进行安全教育；

（三）安排必要的管理人员，明确所负担的安全职责；

（四）制定安全应急预案，配备相应设施。

**第三十条** 学校应当按照《学校体育工作条例》和教学计划组织体育教学和体育活动，并根据教学要求采取必要的保护和帮助措施。

学校组织学生开展体育活动，应当避开主要街道和交通要道；开展大型体育活动以及其他大型学生活动，必须经过主要街道和交通要道的，应当事先与公安机关交通管理部门共同研究并落实安全措施。

**第三十一条** 小学、幼儿园应当建立低年级学生、幼儿上下学时接送的交接制度，不得将晚离学校的低年级学生、幼儿交与无关人员。

**第三十二条** 学生在教学楼进行教学活动和晚自习时，学校应当合理安排学生疏散时间和楼道上下顺序，同时安排人员巡查，防止发生拥挤踩踏伤害事故。

晚自习学生没有离校之前，学校应当有负责人和教师值班、巡查。

**第三十三条** 学校不得组织学生参加抢险等应当由专业人员或者成人从事的活动，不得组织学生参与制作烟花爆竹、有毒化学品等具有危险性的活动，不得组织学生参加商业性活动。

**第三十四条** 学校不得将场地出租给他人从事易燃、易爆、有毒、有害等危险品的生产、经营活动。

学校不得出租校园内场地停放校外机动车辆，不得利用学校用地建设对社会开放的停车场。

**第三十五条** 学校教职工应当符合相应任职资格和条件要求。学校不得聘用因故意犯罪而受到刑事处罚的人，或者有精神病史的人担任教职工。

学校教师应当遵守职业道德规范和工作纪律，不得侮辱、殴打、体罚或者变相体罚学生；发现学生行为具有危险性的，应当及时告诫、制止，并与学生监护人沟通。

**第三十六条** 学生在校学习和生活期间，应当遵守学校纪律和规章制度，服从学校的安全教育和管理，不得从事危及自身或者他人安全的活动。

**第三十七条** 监护人发现被监护人有特异体质、特定疾病或者异常心理状况的，应当及时告知学校。

学校对已知的有特异体质、特定疾病或者异常心理状况的学生，应当给予适当关注和照顾。生理、心理状况异常不宜在校学习的学生，应当休学，由监护人安排治疗、休养。

## 第五章 安全教育

**第三十八条** 学校应当按照国家课程标准和地方课程设置要求，将安全教育纳入教学内容，对学生开展安全教育，培养学生的安全意识，提高学生的自我防护能力。

**第三十九条** 学校应当在开学初、放假前，有针对性地对学生集中开展安全教育。新生入校后，学校应当帮助学生及时了解相关的学校安全制度和安全规定。

**第四十条** 学校应当针对不同课程实验课的特点与要求，对学生进行实验用品的防毒、防爆、防辐射、防污染等的安全防护教育。

学校应当对学生进行用水、用电的安全教育，对寄宿学生进行防火、防盗和人身防护等方面的安全教育。

**第四十一条** 学校应当对学生开展安全防范教育，使学生掌握基本的自我保护技能，应对不法侵害。

学校应当对学生开展交通安全教育，使学生掌握基本的交通规则和行为规范。

学校应当对学生开展消防安全教育，有条件的可以组织学生到当地消防站参观和体验，使学生掌握基本的消防安全知识，提高防火意识和逃生自救的能力。

学校应当根据当地实际情况，有针对性地对学生开展到江河湖海、水库等地方戏水、游泳的安全卫生教育。

**第四十二条** 学校可根据当地实际情况，组织师生开展多种形式的事故预防演练。

学校应当每学期至少开展一次针对洪水、地震、火灾等灾害事故的紧急疏散演练，使师生掌握避险、逃生、自救的方法。

**第四十三条** 教育行政部门按照有关规定，与人民法院、人民检察院和公安、司法行政等部门以及高等学校协商，选聘优秀的法律工作者担任学校的兼职法制副校长或者法制辅导员。

兼职法制副校长或者法制辅导员应当协助学校检查落实安全制度和安全事故处理、定期对师生进行法制教育等，其工作成果纳入派出单位的工作考核内容。

**第四十四条** 教育行政部门应当组织负责安全管理的主管人员、学校校长、幼儿园园长和学校负责安全保卫工作的人员，定期接受有关安全管理培训。

**第四十五条** 学校应当制定教职工安全教育培训计划，通过多种途径和方法，使教职工熟悉安全规章制度、掌握安全救护常识，学会指导学生预防事故、自救、逃生、紧急避险的方法和手段。

**第四十六条** 学生监护人应当与学校互相配合，在日常生活中加强对被监护人的各项安全教育。

学校鼓励和提倡监护人自愿为学生购买意外伤害保险。

## 第六章 校园周边安全管理

**第四十七条** 教育、公安、司法行政、建设、交通、文化、卫生、工商、质检、新闻出版等部门应当建立联席会议制度，定期研究部署学校安全管理工作，依法维护学校周边秩序；通过多种途径和方式，听取学校和社会各界关于学校安全管理工作的意见和建议。

**第四十八条** 建设、公安等部门应当加强对学校周边建设工程的执法检查，禁止任何单位或者个人违反有关法律、法规、规章、标准，在学校围墙或者建筑物边建设工程，在校园周边设立易燃易爆、剧毒、放射性、腐蚀性等危险物品的生产、经营、储存、使用场所或者设施以及其他可能影响学校安全的场所或者设施。

**第四十九条** 公安机关应当把学校周边地区作为重点治安巡逻区域，在治安情况复杂的学校周边地区增设治安岗亭和报警点，及时发现和消除各类安全隐患，处置扰乱学校秩序和侵害学生人身、财产安全的违法犯罪行为。

**第五十条** 公安、建设和交通部门应当依法在学校门前道路设置规范的交通警示标志，施划人行横线，根据需要设置交通信号灯、减速带、过街天桥等设施。

在地处交通复杂路段的学校上下学时间，公安机关应当根据需要部署警力或者交通协管人员维护道路交通秩序。

**第五十一条** 公安机关和交通部门应当依法加强对农村地区交通工具的监督管理，禁止没有资质的车船搭载学生。

**第五十二条** 文化部门依法禁止在中学、小学校园周围 200 米范围内设立互联网上网服务营业场所，并依法查处接纳未成年人进入的互联网上网服务营业场所。工商行政管理部门依法查处取缔擅自设立的互联网上网服务营业场所。

**第五十三条** 新闻出版、公安、工商行政管理等部门应当依法取缔学校周边兜售非法出版物的游商和无证照摊点，查处学校周边制售含有淫秽色情、凶杀暴力等内容的出版物的单位和个人。

**第五十四条** 卫生、工商行政管理部门应当对校园周边饮食单位的卫生状况进行监督，取缔非法经营的小卖部、饮食摊点。

## 第七章 安全事故处理

**第五十五条** 在发生地震、洪水、泥石流、台风等自然灾害和重大治安、公共卫生突发事件时，教育等部门应当立即启动应急预案，及时转移、疏散学生，或者采取其他必要防护措施，保障学校安全和师生人身财产安全。

**第五十六条** 校园内发生火灾、食物中毒、重大治安等突发安全事故以及自然灾害时，学校应当启动应急预案，及时组织教职工参与抢险、救助和防护，保障学生身体健康和人身、财产安全。

**第五十七条** 发生学生伤亡事故时，学校应当按照《学生伤害事故处理办法》规定的原则和程序等，及时实施救助，并进行妥善处理。

**第五十八条** 发生教职工和学生伤亡等安全事故的，学校应当及时报告主管教育行政部门和政府有关部门；属于重大事故的，教育行政部门应当按照有关规定及时逐级上报。

**第五十九条** 省级教育行政部门应当在每年1月31日前向国务院教育行政部门书面报告上一年度学校安全工作和学生伤亡事故情况。

## 第八章 奖励与责任

**第六十条** 教育、公安、司法行政、建设、交通、文化、卫生、工商、质检、新闻出版等部门，对在学校安全工作中成绩显著或者做出突出贡献的单位和个人，应当视情况联合或者分别给予表彰、奖励。

**第六十一条** 教育、公安、司法行政、建设、交通、文化、卫生、工商、质检、新闻出版等部门，不依法履行学校安全监督与管理职责的，由上级部门给予批评；对直接责任人员由上级部门和所在单位视情节轻重，给予批评教育或者行政处分；构成犯罪的，依法追究刑事责任。

**第六十二条** 学校不履行安全管理和安全教育职责，对重大安全隐患未及时采取措施的，有关主管部门应当责令其限期改正；拒不改正或者有下列情形之一的，教育行政部门应当对学校负责人和其他直接责任人员给予行政处分；构成犯罪的，依法追究刑事责任：

（一）发生重大安全事故、造成学生和教职工伤亡的；

（二）发生事故后未及时采取适当措施、造成严重后果的；

（三）瞒报、谎报或者缓报重大事故的；

（四）妨碍事故调查或者提供虚假情况的；

（五）拒绝或者不配合有关部门依法实施安全监督管理职责的。

《中华人民共和国民办教育促进法》及其实施条例另有规定的，依其规定执行。

**第六十三条** 校外单位或者人员违反治安管理规定、引发学校安全事故的，或者在学校安全事故处理过程中，扰乱学校正常教育教学秩序、违反治安管理规定的，由公安机关依法处理；构成犯罪的，依法追究其刑事责任；造成学校财产损失的，依法承担赔偿责任。

**第六十四条** 学生人身伤害事故的赔偿，依据有关法律法规、国家有关规定以及《学生伤害事故处理办法》处理。

## 第九章 附 则

**第六十五条** 中等职业学校学生实习劳动的安全管理办法另行制定。

**第六十六条** 本办法自2006年9月1日起施行。

# 幼儿园工作规程

2015 年 12 月 14 日第 48 次部长办公会议审议通过，自 2016 年 3 月 1 日起施行。

## 第一章 总 则

**第一条** 为了加强幼儿园的科学管理，规范办园行为，提高保育和教育质量，促进幼儿身心健康，依据《中华人民共和国教育法》等法律法规，制定本规程。

**第二条** 幼儿园是对 3 周岁以上学龄前幼儿实施保育和教育的机构。幼儿园教育是基础教育的重要组成部分，是学校教育制度的基础阶段。

**第三条** 幼儿园的任务是：贯彻国家的教育方针，按照保育与教育相结合的原则，遵循幼儿身心发展特点和规律，实施德、智、体、美等方面全面发展的教育，促进幼儿身心和谐发展。幼儿园同时面向幼儿家长提供科学育儿指导。

**第四条** 幼儿园适龄幼儿一般为 3 周岁至 6 周岁。幼儿园一般为三年制。

第五条幼儿园保育和教育的主要目标是：

（一）促进幼儿身体正常发育和机能的协调发展，增强体质，促进心理健康，培养良好的生活习惯、卫生习惯和参加体育活动的兴趣。

（二）发展幼儿智力，培养正确运用感官和运用语言交往的基本能力，增进对环境的认识，培养有益的兴趣和求知欲望，培养初步的动手探究能力。

（三）萌发幼儿爱祖国、爱家乡、爱集体、爱劳动、爱科学的情感，培养诚实、自信、友爱、勇敢、勤学、好问、爱护公物、克服困难、讲礼貌、守纪律等良好的品德行为和习惯，以及活泼开朗的性格。

（四）培养幼儿初步感受美和表现美的情趣和能力。

**第六条** 幼儿园教职工应当尊重、爱护幼儿，严禁虐待、歧视、体罚和变相体罚、侮辱幼儿人格等损害幼儿身心健康的行为。

**第七条** 幼儿园可分为全日制、半日制、定时制、季节制和寄宿制等。上述形式可分别设置，也可混合设置。

## 第二章 幼儿入园和编班

**第八条** 幼儿园每年秋季招生。平时如有缺额，可随时补招。幼儿园对烈士子女、家中无人照顾的残疾人子女、孤儿、家庭经济困难幼儿、具有接受普通教育能力的残疾儿童等入园，按照国家和地方的有关规定予以照顾。

**第九条** 企业、事业单位和机关、团体、部队设置的幼儿园，除招收本单位工作人员的子女外，应当积极创造条件向社会开放，招收附近居民子女入园。

第十条　幼儿入园前，应当按照卫生部门制定的卫生保健制度进行健康检查，合格者方可入园。幼儿入园除进行健康检查外，禁止任何形式的考试或测查。

第十一条　幼儿园规模应当有利于幼儿身心健康，便于管理，一般不超过360人。幼儿园每班幼儿人数一般为：小班（3周岁至4周岁）25人，中班（4周岁至5周岁）30人，大班（5周岁至6周岁）35人，混合班30人。寄宿制幼儿园每班幼儿人数酌减。

幼儿园可以按年龄分别编班，也可以混合编班。

### 第三章　幼儿园的安全

第十二条　幼儿园应当严格执行国家和地方幼儿园安全管理的相关规定，建立健全门卫、房屋、设备、消防、交通、食品、药物、幼儿接送交接、活动组织和幼儿就寝值守等安全防护和检查制度，建立安全责任制和应急预案。

第十三条　幼儿园的园舍应当符合国家和地方的建设标准，以及相关安全、卫生等方面的规范，定期检查维护，保障安全。幼儿园不得设置在污染区和危险区，不得使用危房。幼儿园的设备设施、装修装饰材料、用品用具和玩教具材料等，应当符合国家相关的安全质量标准和环保要求。入园幼儿应当由监护人或者其委托的成年人接送。

第十四条　幼儿园应当严格执行国家有关食品药品安全的法律法规，保障饮食饮水卫生安全。

第十五条　幼儿园教职工必须具有安全意识，掌握基本急救常识和防范、避险、逃生、自救的基本方法，在紧急情况下应当优先保护幼儿的人身安全。幼儿园应当把安全教育融入一日生活，并定期组织开展多种形式的安全教育和事故预防演练。幼儿园应当结合幼儿年龄特点和接受能力开展反家庭暴力教育，发现幼儿遭受或者疑似遭受家庭暴力的，应当依法及时向公安机关报案。

第十六条　幼儿园应当投保校方责任险。

### 第四章　幼儿园的卫生保健

第十七条　幼儿园必须切实做好幼儿生理和心理卫生保健工作。幼儿园应当严格执行《托儿所幼儿园卫生保健管理办法》以及其他有关卫生保健的法规、规章和制度。

第十八条　幼儿园应当制定合理的幼儿一日生活作息制度。正餐间隔时间为3.5-4小时。在正常情况下，幼儿户外活动时间（包括户外体育活动时间）每天不得少于2小时，寄宿制幼儿园不得少于3小时；高寒、高温地区可酌情增减。

第十九条　幼儿园应当建立幼儿健康检查制度和幼儿健康卡或档案。每年体检一次，每半年测身高、视力一次，每季度量体重一次；注意幼儿口腔卫生，保护幼儿视力。幼儿园对幼儿健康发展状况定期进行分析、评价，及时向家长反馈结果。

幼儿园应当关注幼儿心理健康，注重满足幼儿的发展需要，保持幼儿积极的情绪状态，让幼儿感受到尊重和接纳。

第二十条　幼儿园应当建立卫生消毒、晨检、午检制度和病儿隔离制度，配合卫生部门做好计划免疫工作。幼儿园应当建立传染病预防和管理制度，制定突发传染病应急预案，认真做好疾病防控工作。幼儿园应当建立患病幼儿用药的委托交接制度，未经监护人委托或者同意，幼儿园不得给幼儿用药。幼儿园应当妥善管理药品，保证幼儿用药安全。幼儿园内禁止吸烟、饮酒。

**第二十一条** 供给膳食的幼儿园应当为幼儿提供安全卫生的食品，编制营养平衡的幼儿食谱，定期计算和分析幼儿的进食量和营养素摄取量，保证幼儿合理膳食。幼儿园应当每周向家长公示幼儿食谱，并按照相关规定进行食品留样。

**第二十二条** 幼儿园应当配各必要的设备设施，及时为幼儿提供安全卫生的饮用水。幼儿园应当培养幼儿良好的大小便习惯，不得限制幼儿便溺的次数、时间等。

**第二十三条** 幼儿园应当积极开展适合幼儿的体育活动，充分利用日光、空气、水等自然因素以及本地自然环境，有计划地锻炼幼儿肌体，增强身体的适应和抵抗能力。正常情况下，每日户外体育活动不得少于1小时。幼儿园在开展体育活动时，应当对体弱或有残疾的幼儿予以特殊照顾。

**第二十四条** 幼儿园夏季要做好防暑降温工作，冬季要做好防寒保暖工作，防止中暑和冻伤。

## 第五章　幼儿园的教育

**第二十五条** 幼儿园教育应当贯彻以下原则和要求：

（一）德、智、体、美等方面的教育应当互相渗透，有机结合。

（二）遵循幼儿身心发展规律，符合幼儿年龄特点，注重个体差异，因人施教，引导幼儿个性健康发展。

（三）面向全体幼儿，热爱幼儿，坚持积极鼓励、启发引导的正面教育。

（四）综合组织健康、语言、社会、科学、艺术各领域的教育内容，渗透于幼儿一日生活的各项活动中，充分发挥各种教育手段的交互作用。

（五）以游戏为基本活动，寓教育于各项活动之中。

（六）创设与教育相适应的良好环境，为幼儿提供活动和表现能力的机会与条件。

**第二十六条** 幼儿一日活动的组织应当动静交替，注重幼儿的直接感知、实际操作和亲身体验，保证幼儿愉快的、有益的自由活动。

**第二十七条** 幼儿园日常生活组织，应当从实际出发，建立必要、合理的常规，坚持一贯性和灵活性相结合，培养幼儿的良好习惯和初步的生活自理能力。

**第二十八条** 幼儿园应当为幼儿提供丰富多样的教育活动。教育活动内容应当根据教育目标、幼儿的实际水平和兴趣确定，以循序渐进为原则，有计划地选择和组织。教育活动的组织应当灵活地运用集体、小组和个别活动等形式，为每个幼儿提供充分参与的机会，满足幼儿多方面发展的需要，促进每个幼儿在不同水平上得到发展。教育活动的过程应注重支持幼儿的主动探索、操作实践、合作交流和表达表现，不应片面追求活动结果。

**第二十九条** 幼儿园应当将游戏作为对幼儿进行全面发展教育的重要形式。幼儿园应当因地制宜创设游戏条件，提供丰富、适宜的游戏材料，保证充足的游戏时间，开展多种游戏。

幼儿园应当根据幼儿的年龄特点指导游戏，鼓励和支持幼儿根据自身兴趣、需要和经验水平，自主选择游戏内容、游戏材料和伙伴，使幼儿在游戏过程中获得积极的情绪情感，促进幼儿能力和个性的全面发展。

**第三十条** 幼儿园应当将环境作为重要的教育资源，合理利用室内外环境，创设开放的、多样的区域活动空间，提供适合幼儿年龄特点的丰富的玩具、操作材料和幼儿读物，支持幼儿自主选择和主动学习，激发幼儿学习的兴趣与探究的愿望。幼儿园应当营造尊重、接纳和关爱的氛围，建立良好的同伴和师生关系。幼儿园应当充分利用家庭和社区的有利条件，丰富和拓展幼儿园的教育资源。

**第三十一条** 幼儿园的品德教育应当以情感教育和培养良好行为习惯为主，注重潜移默化的影响，并贯穿于幼儿生活以及各项活动之中。

**第三十二条** 幼儿园应当充分尊重幼儿的个体差异，根据幼儿不同的心理发展水平，研究有效的活动形式和方法，注重培养幼儿良好的个性心理品质。幼儿园应当为在园残疾儿童提供更多的帮助和指导。

**第三十三条** 幼儿园和小学应当密切联系，互相配合，注意两个阶段教育的相互衔接。幼儿园不得提前教授小学教育内容，不得开展任何违背幼儿身心发展规律的活动。

## 第六章 幼儿园的园舍、设备

**第三十四条** 幼儿园应当按照国家的相关规定设活动室、寝室、卫生间、保健室、综合活动室、厨房和办公用房等，并达到相应的建设标准。有条件的幼儿园应当优先扩大幼儿游戏和活动空间。寄宿制幼儿园应当增设隔离室、浴室和教职工值班室等。

**第三十五条** 幼儿园应当有与其规模相适应的户外活动场地，配备必要的游戏和体育活动设施，创造条件开辟沙地、水池、种植园地等，并根据幼儿活动的需要绿化、美化园地。

**第三十六条** 幼儿园应当配备适合幼儿特点的桌椅、玩具架、盥洗卫生用具，以及必要的玩教具、图书和乐器等。玩教具应当具有教育意义并符合安全、卫生要求。幼儿园应当因地制宜，就地取材，自制玩教具。

**第三十七条** 幼儿园的建筑规划面积、建筑设计和功能要求，以及设施设备、玩教具配备，按照国家和地方的相关规定执行。

## 第七章 幼儿园的教职工

**第三十八条** 幼儿园按照国家相关规定设园长、副园长、教师、保育员、卫生保健人员、炊事员和其他工作人员等岗位，配足配齐教职工。

**第三十九条** 幼儿园教职工应当贯彻国家教育方针，具有良好品德，热爱教育事业，尊重和爱护幼儿，具有专业知识和技能以及相应的文化和专业素养，为人师表，忠于职责，身心健康。

幼儿园教职工患传染病期间暂停在幼儿园的工作。有犯罪、吸毒记录和精神病史者不得在幼儿园工作。

**第四十条** 幼儿园园长应当符合本规程第三十九条规定，并应当具有《教师资格条例》规定的教师资格、具备大专以上学历、有三年以上幼儿园工作经历和一定的组织管理能力，并取得幼儿园园长岗位培训合格证书。

幼儿园园长由举办者任命或者聘任，并报当地主管的教育行政部门备案。

幼儿园园长负责幼儿园的全面工作，主要职责如下：

（一）贯彻执行国家的有关法律、法规、方针、政策和地方的相关规定，负责建立并组织执行幼儿园的各项规章制度；

（二）负责保育教育、卫生保健、安全保卫工作；

（三）负责按照有关规定聘任、调配教职工，指导、检查和评估教师以及其他工作人员的工作，并给予奖惩；

（四）负责教职工的思想工作，组织业务学习，并为他们的学习、进修、教育研究创造必要的条件；

（五）关心教职工的身心健康，维护他们的合法权益，改善他们的工作条件；

（六）组织管理园舍、设备和经费；

（七）组织和指导家长工作；

（八）负责与社区的联系和合作。

**第四十一条** 幼儿园教师必须具有《教师资格条例》规定的幼儿园教师资格，并符合本规程第三十九条规定。

幼儿园教师实行聘任制。

幼儿园教师对本班工作全面负责，其主要职责如下：

（一）观察了解幼儿，依据国家有关规定，结合本班幼儿的发展水平和兴趣需要，制订和执行教育工作计划，合理安排幼儿一日生活；

（二）创设良好的教育环境，合理组织教育内容，提供丰富的玩具和游戏材料，开展适宜的教育活动；

（三）严格执行幼儿园安全、卫生保健制度，指导并配合保育员管理本班幼儿生活，做好卫生保健工作；

（四）与家长保持经常联系，了解幼儿家庭的教育环境，商讨符合幼儿特点的教育措施，相互配合共同完成教育任务；

（五）参加业务学习和保育教育研究活动；

（六）定期总结评估保教工作实效，接受园长的指导和检查。

**第四十二条** 幼儿园保育员应当符合本规程第三十九条规定，并应当具备高中毕业以上学历，受过幼儿保育职业培训。

幼儿园保育员的主要职责如下：

（一）负责本班房舍、设备、环境的清洁卫生和消毒工作；

（二）在教师指导下，科学照料和管理幼儿生活，并配合本班教师组织教育活动；

（三）在卫生保健人员和本班教师指导下，严格执行幼儿园安全、卫生保健制度；

（四）妥善保管幼儿衣物和本班的设备、用具。

**第四十三条** 幼儿园卫生保健人员除符合本规程第三十九条规定外，医师应当取得卫生行政部门颁发的《医师执业证书》；护士应当取得《护士执业证书》；保健员应当具有高中毕业以上学历，并经过当地妇幼保健机构组织的卫生保健专业知识培训。

幼儿园卫生保健人员对全园幼儿身体健康负责，其主要职责如下：

（一）协助园长组织实施有关卫生保健方面的法规、规章和制度，并监督执行；

（二）负责指导调配幼儿膳食，检查食品、饮水和环境卫生；

（三）负责晨检、午检和健康观察，做好幼儿营养、生长发育的监测和评价；定期组织幼儿健康体检，做好幼儿健康档案管理；

（四）密切与当地卫生保健机构的联系，协助做好疾病防控和计划免疫工作；

（五）向幼儿园教职工和家长进行卫生保健宣传和指导。

（六）妥善管理医疗器械、消毒用具和药品。

**第四十四条** 幼儿园其他工作人员的资格和职责，按照国家和地方的有关规定执行。

**第四十五条** 对认真履行职责、成绩优良的幼儿园教职工，应当按照有关规定给予奖励。

对不履行职责的幼儿园教职工，应当视情节轻重，依法依规给予相应处分。

## 第八章 幼儿园的经费

**第四十六条** 幼儿园的经费由举办者依法筹措，保障有必备的办园资金和稳定的经费来源。

按照国家和地方相关规定接受财政扶持的提供普惠性服务的国有企事业单位办园、集体办园和民办园等幼儿园，应当接受财务、审计等有关部门的监督检查。

**第四十七条** 幼儿园收费按照国家和地方的有关规定执行。

幼儿园实行收费公示制度，收费项目和标准向家长公示，接受社会监督，不得以任何名义收取与新生入园相挂钩的赞助费。

幼儿园不得以培养幼儿某种专项技能、组织或参与竞赛等为由，另外收取费用；不得以营利为目的组织幼儿表演、竞赛等活动。

**第四十八条** 幼儿园的经费应当按照规定的使用范围合理开支，坚持专款专用，不得挪作他用。

**第四十九条** 幼儿园举办者筹措的经费，应当保证保育和教育的需要，有一定比例用于改善办园条件和开展教职工培训。

**第五十条** 幼儿膳食费应当实行民主管理制度，保证全部用于幼儿膳食，每月向家长公布账目。

**第五十一条** 幼儿园应当建立经费预算和决算审核制度，经费预算和决算应当提交园务委员会审议，并接受财务和审计部门的监督检查。

幼儿园应当依法建立资产配置、使用、处置、产权登记、信息管理等管理制度，严格执行有关财务制度。

## 第九章 幼儿园、家庭和社区

**第五十二条** 幼儿园应当主动与幼儿家庭沟通合作，为家长提供科学育儿宣传指导，帮助家长创设良好的家庭教育环境，共同担负教育幼儿的任务。

**第五十三条** 幼儿园应当建立幼儿园与家长联系的制度。幼儿园可采取多种形式，指导家长正确了解幼儿园保育和教育的内容、方法，定期召开家长会议，并接待家长的来访和咨询。

幼儿园应当认真分析、吸收家长对幼儿园教育与管理工作的意见与建议。

幼儿园应当建立家长开放日制度。

**第五十四条** 幼儿园应当成立家长委员会。

家长委员会的主要任务是：对幼儿园重要决策和事关幼儿切身利益的事项提出意见和建议；发挥家长的专业和资源优势，支持幼儿园保育教育工作；帮助家长了解幼儿园工作计划和要求，协助幼儿园开展家庭教育指导和交流。

家长委员会在幼儿园园长指导下工作。

**第五十五条** 幼儿园应当加强与社区的联系与合作，面向社区宣传科学育儿知识，开展灵活多样的公益性早期教育服务，争取社区对幼儿园的多方面支持。

### 第十章 幼儿园的管理

**第五十六条** 幼儿园实行园长负责制。

幼儿园应当建立园务委员会。园务委员会由园长、副园长、党组织负责人和保教、卫生保健、财会等方面工作人员的代表以及幼儿家长代表组成。园长任园务委员会主任。

园长定期召开园务委员会会议，遇重大问题可临时召集，对规章制度的建立、修改、废除，全园工作计划，工作总结，人员奖惩，财务预算和决算方案，以及其他涉及全园工作的重要问题进行审议。

**第五十七条** 幼儿园应当加强党组织建设，充分发挥党组织政治核心作用、战斗堡垒作用。幼儿园应当为工会、共青团等其他组织开展工作创造有利条件，充分发挥其在幼儿园工作中的作用。

**第五十八条** 幼儿园应当建立教职工大会制度或者教职工代表大会制度，依法加强民主管理和监督。

**第五十九条** 幼儿园应当建立教研制度，研究解决保教工作中的实际问题。

**第六十条** 幼儿园应当制订年度工作计划，定期部署、总结和报告工作。每学年年末应当向教育等行政主管部门报告工作，必要时随时报告。

**第六十一条** 幼儿园应当接受上级教育、卫生、公安、消防等部门的检查、监督和指导，如实报告工作和反映情况。

幼儿园应当依法接受教育督导部门的督导。

**第六十二条** 幼儿园应当建立业务档案、财务管理、园务会议、人员奖惩、安全管理以及与家庭、小学联系等制度。

幼儿园应当建立信息管理制度，按照规定采集、更新、报送幼儿园管理信息系统的相关信息，每年向主管教育行政部门报送统计信息。

**第六十三条** 幼儿园教师依法享受寒暑假期的带薪休假。幼儿园应当创造条件，在寒暑假期间，安排工作人员轮流休假。具体办法由举办者制定。

### 第十一章 附 则

**第六十四条** 本规程适用于城乡各类幼儿园。

**第六十五条** 省、自治区、直辖市教育行政部门可根据本规程，制订具体实施办法。

**第六十六条** 本规程自 2016 年 3 月 1 日起施行。1996 年 3 月 9 日由原国家教育委员会令第 25 号发布的《幼儿园工作规程》同时废止。